學為君子

学记

·时牧解

慈舟大学堂　编注

西泠印社 出版社

编辑委员会

序

　　唐代的韩愈在其名篇《师说》里有过一段非常经典的描述，所谓"古之学者必有师。师者，所以传道受业解惑也"，由此，我们也对于中国悠久的师道传统有了一个直观的感受。而在师道背后，则是一个非常重要而又悠久的传统，那就是学习的传统。在我们很多关于传统的讨论中，耕读传家，这是一个非常值得重视的现象，而这也是学习在中国传统中最为普遍和具有生命力的存在形式。

　　当然，如果我们要探究一下这个学习传统的源头，在孔子那里，就可以很清楚地感受到。孔子的思想究竟侧重在哪里？学者们各有各的论述，或以仁为主，或以礼为先，所谓见仁见智，莫衷一是。但是，假如说无论是道德的立场，还是礼仪制度，这些都是孔夫子从传统中继承而来的话，那么，究竟什么对于夫子来说，才是最为重要的呢？毫无疑问是学。我们首先从孔夫子对自己的定位来说，他就是以好学来自我认定的，"十室之邑，必有忠信如丘者焉，不如丘之好学也"（《论语·公冶长》），这段话，可以视为是夫子自道，从这个表述来说，对于孔子而言，他最重视的是"好学"。在另外一段颇为经典的夫子自道中，孔子同样是如此表达的，"吾十有五而志于学，三十而立，四十而不惑，五十而知天命，六十而耳顺，七十而从心所欲，不逾矩"（《论语·为政》），这里我们可以看作是孔子对于自己一生的概括，而这个概括显然是从"志于学"开始的，这就表明，学之于孔子有着极为特殊的意义。而孔子的一生也一直保持着积极学习的状态，所谓"圣人无常师"（韩愈《师说》），以孔门高弟子贡的话来说，那就是"文武之道未坠于地，在人；贤者识其大者，不贤者识其小者，莫不有文武之道焉。夫子焉不学，而亦何常师之有？"（《论语·子张》）孔子可谓无处不学，无时不学，即便如此，他都觉得还不够，"学如不及，犹恐失之"（《论语·泰伯》），正是这样的"下学而上达"（《论语·宪问》），使得孔子成了中国思想文化史上无法逾越的高峰。

孔子弟子三千，贤人七十二，而萃然出乎其间的，乃是孔门十哲，所谓"德行：颜渊、闵子骞、冉伯牛、仲弓。言语：宰我、子贡。政事：冉有、季路。文学：子游、子夏"（《论语·先进》），这是按照德行、言语、政事以及文学四种不同能力的区分，由此我们大概也可以看得出夫子对于学生培养目标的多元化，当然这种多元化是以每个人的特点为基础的，这种教育的方式，就是我们后来所津津乐道的"因材施教"。而在夫子的诸多弟子中，如我们常识所知，夫子最为看重的学生，毫无疑问就是颜回。而颜回的特点又是什么呢？当然，可能我们可以从不同的角度来解读颜回，但是，在夫子的眼中，颜回的一大特点无疑就是好学，"哀公问：'弟子孰为好学？'孔子对曰：'有颜回者好学，不迁怒，不贰过；不幸短命死矣！今也则亡，未闻好学者也'"（《论语·雍也》），在回答季康子同样的问题时，孔子也是直接强调颜回的好学特质（见《论语·先进》）。

孔子重视学，而其得意弟子颜回的一大特点就是好学，在后来的儒学传统中，学习就成了一个非常重要的印记被保留了下来，并由此影响了整个中国传统社会。

当然，如果就此认为中国早期传统中的学就是从孔子开始的，那也是错误的，在孔子之前，中国早期的学习的传统就已经非常完善，《礼记·学记》中有着非常详细的记载，所谓"古之教者，家有塾，党有庠，术有序，国有学。比年入学，中年考校。一年视离经辨志；三年视敬业乐群；五年视博习亲师；七年视论学取友，谓之小成。九年知类通达，强立而不反，谓之大成"，这里所呈现出来的早期教育制度无疑是极为完善的。虽然，我们会说《学记》是晚于孔子的作品，或者说按照郭沫若先生的考证，其作者可能是孟子的学生乐正克，但是，其所反映的就是在早期（三代）中国社会所重视学习的状况。而同样出自《礼记》的文献中，也明确表达了早期对于学的重视，所谓"天子命之教然后为学。小学在公宫南之左，大学在郊。天子曰辟雍，诸侯曰頖宫"（《王制》）。

当然，按照一般的说法，从孔子时代开始，私学兴起，而之前，则是学在官府。学在官府其实是对于最早期教育所具有的特点的一个强调，其教育是属于贵族的，其目的是为了培养统治需要的各种能力。可以说，一直到周代为止，传统的教育体制是由政府所掌控的，贵族垄断了知识，成为各级官员，有具体而又明确的分工，教育被限制在贵族的系统之内，这也就是传统所谓的王官之学。王官之学，因其事实的需要有着不同的层次，乡里（夏：校，殷：庠，周：序），为地方教育，供普通低级贵族子弟上学。在诸侯一级则称"泮宫"，而天子一级称"辟雍"。此外，其教育的形式不仅有小学，还有大学。王官之学是为了培养贵族子弟进入官员系统的需要，所以，其教育的内容大抵都是与现实的政治需要有着密切的关系。概而言之，王官之学的教育是以六艺为中心的，培养的是六种基本的政治素养，严格地来说，有小学六艺和大学六艺之差异（小学六艺：礼、乐、射、御、书、数；大学六艺：《诗》《书》《礼》《乐》《易》《春秋》）。其教育体系的基本特征是学在官府，王官之学，官师合一。

虽然从思想的演变来说，私学有着比官学更为明显的优势，而后来诸子百家的崛起，也是得益于私学的兴起，由此造就了早期中国传统思想的一大高峰。但是，假如我们仔细考察一下伴随着私学而兴起的诸子百家，就会发现，他们之所以会有思想上的自由创造，归根而言，是因为得益于早期王官教育所造就的基础。也就是说，《礼记·学记》中所表达出来的教育理念、教育制度、教育内容及教育方法等，实际上就是诸子百家所赖以存在的制度和思想基础，并且由此而深刻影响了中国传统社会。

由此，我们要理解中国传统社会，或者说，更为深刻地把握中华优秀传统文化所赖以植根的土壤，《学记》都可以给我们以启示，它当然是我们了解早期中国教育的不可回避的文献。但是，它的意义不仅仅只是教育制度本身，或者说，把它仅仅看作是对早期教育制度的论述，显然是对它的限制性的认识。它实际上是我们了解古代社会的一面非常重要的镜子，也是我们理解传统制度和思想所不可或缺的文献，值得我们重视。

近些年来，中华优秀传统文化正在受到越来越多的关注，这是一件大好事！我们通常都会说，中华文明是唯一延续至今的古代文明，这无疑是值得骄傲和自豪的事情。但是，假如我们的传统不能在今日继续具有生命力，那可能是我们这一代人的遗憾了！因此，弘扬和传承中华优秀传统文化，应该是我们这个时代的使命。

在弘扬和传承优秀传统文化的背景下，不论是在学界，还是在民间，重视优秀传统文化普及推广的人越来越多，这显然是好现象。而在这些普及推广的队伍中，时牧君是其中之一。我跟时牧君素未谋面，也不曾接触。但是，从旁人的介绍及他的作品来看，个人感觉颇为不易。时牧君创办慈舟大学堂以弘扬中华优秀传统文化为己任，慈舟者慈悲之舟，于此可见其情怀，大抵是希望以此学堂为依据，以优秀传统文化为内容，以慈悲之心扬优秀传统文化之舟。

观其《学记》解，语言平实又不失生动，释义活泼而又不违古训。其立意之所重，大体在于生命本身，这是非常值得认可的。就中国传统思想的特质来说，对于个体生命的关注，本就是其侧重点。所谓安身立命之说，显然是对于个体生命意义的完善。我通常反对把中国的思想视为一种知识，而更倾向于认为它是一种智慧。知识和智慧之间的差别，可能有很多种，但在我看来，知识可能是没有温度的，而智慧则是直接关乎生命本身的。而在今天这样的时代，我们的知识可能是太多了，但是，我们的知识有没有给我们的生命带来温度呢？我想，这恰恰是我们应当思考的问题。而对于一个人的培养来说，生命教育确实是尤为重要的。我们常说立德树人，也说百年树人，这说明对于人的教育来说，是一个漫长的过程，而像《学记》这样的经典，其实也是古人对于科学育人的一种实践，这种实践的智慧在今天依旧有着它的生命力，值得我们重视。

我也非常真诚地希望，借着《学记·时牧解》的出版，能够把我们古人对于教育问题的思考和经验总结重新拉回到大众的视野，让优秀传统文化能够更好地促进立德树人，从而丰富和完善我们的生命。

何善蒙

（作者系浙江大学教授，博士生导师，浙江大学中国思想文化研究所所长）

2023 年 11 月 3 日

编者的话

当今，教育问题已经成为全社会关注的焦点，无数家庭为了孩子的教育费尽心血。网络化时代，我们的头脑装满了各种纷杂的信息，我们努力从中为孩子挑选最佳的信息。可信息越多，人变得越焦虑；看的教养书越多，大脑也许越凌乱。我们读了不同的教养理论，学了不同的亲子课程，听了不同人的建议，也得到了一些教育孩子的办法和工具，但这一切可能并没有让我们成为我们想要成为的父母——教养书是教养书，看的时候也觉得有些地方颇有道理，但看完后我们还是我们。

大部分情况下，并不是教养书不好，而是父母自己的成长不够，还不足以驾驭那些方法和工具。拿剑之前自己先要练基本功，开方之前自己先要成为医师。假如药方一共有 360 种，方子开出来，没有取得想要的治疗效果，问题不在患者，而在医生水平不够，不能辨别哪个药方对患者最有效。先提升自己的水平，成为一个好医生，再去开药，这时候药方才有用。不然，父母追着读完一本又一本的教养书（药方），很可能只是增加了沮丧感和焦虑感。

谈到教养，我们不能不谈社会的整体文化和风气，因为教育正是在这样的大环境下发生的，也必然带有环境特色，受其影响。我们社会的文化范式，受到以西方文化为龙头的世界文化的浸染。有人指出："东方的时代风如果不以东方文化为主线，对东方人来说是灾难性的；西方的时代风不以西方文化为基础，对西方人来说也是危险的。"我们国家的这个"时代风",混杂了数十年来欧美、日韩等国家的文化思维。由于它们的影响是渐进的,这么多年看不见、摸不着,不知不觉会把民族文化中固有的东西冲走。

欧美、日韩文化并非不好,现在也已经到了一个中西文化彼此学习、相互汇通的大时代。不同的文化形态和文明面向,和而不同、和合共生,这是未来世界和平、社会进步的必由之路。无数新的可能性在向人们招手,等待各地的有识之士为人类整体的繁荣开创新局面。但是,一个社会不可以丢弃自己民族的文化主线,不可能把其他文化的根系挖过来当作本民族可持续发展的基础。对教育同样如此。那么,两千多年来,我们华夏土地上曾孜孜以求的教育之根系是什么?

为了回答这个问题,慈舟大学堂师生们学习和整理了古代教育专述《学记》。《学记》是古代典章制度专著《礼记》中的一篇文章,也是世界历史上最早专门论述教育和教学问题的文献。本书是以时牧先生所讲授的内容为主而编撰的,饱含东方圣贤教育的智慧,它不只是一本有关孩子教育的书,更是一本有关生命教育的书。我们希望借由这本书探寻民族教育之根、中华文化之妙,借古圣经典的力量增加现代为人师者、为人父母者的信心与担当。

幸福是每一个人的追求,没有人会说"我活着是为了过一个不幸福的人生"。但我们已经明显感到,在现代经济与科技无限发达的时代,人们生活的幸福水平反而下降了。如果我们承认幸福是一种感觉,是什么让人们在物质富庶的时代,失去了感受幸福的能力呢?

同样一碗米饭,有的人吃起来香甜幸福,有的人吃起来平淡无感,有的人吃起来烦恼抱怨;同样一笔财富,有的人用着很满足,有的人用着很漠然,有的人用着很焦虑。可以说,活得幸福是一种能力,并不纯由外在的境遇决定。就教育而言,如果不能培养孩子这种"活得幸福"的能力，即使我们送孩子就读最好的学校，给他巨额的财富，也不能让他感觉到幸福。

为了追问怎样才能活得幸福，我们不得不问，人的本质是什么？人的本质追求又是什么？一个人不可能独立于他自身之外找到关于生命的答案。他所有的言、思、行都是为了呼应自身生命的需求，而如果教育能够帮助他去永远趋近人自身生命的渴望，我们就可以说，这是与人在世上的生命本质和谐一致的，是一种对待人的生命最为健康、最为人性的生活方式。

根据祖先造字"偏旁藏理，同形同祖，同音义通"的总规律，人者仁也，仁者人也，"人"的发音蕴涵了"仁"。"仁"字，左边"亻"，代表"人"，右边两横（"二"），上面一横代表"天"，下面一横代表"地"，一个字蕴含了天地人三才。人是由阴阳天地化生的，人需要与天地同心同德。

《礼记·经解》："上下相亲谓之仁。""仁"的这二人，一个是自己；第二个，凡属我之外，就是他；"自他不二"，自己跟天地万物及他人是一体的，这叫仁。爱他人，实际上就是爱自己。《弟子规》说："凡是人，皆须爱，天同覆，地同载。"庄子在《齐物论》里也有精妙的表达："天地与我并生，而万物与我为一。"这一体同怀之"仁（人）"，就是人的本质本能。"仁"字的"亻"旁移动到"二"之间，便成了"天"字，"天""人"合一为道。让人心趋合于天（仁）心，这是中国教育的根本智慧。

孔子说"有教无类"，意即每个人的本性与我相同，人的本质是同一的，是可教导的。孔子还说"因材施教"，乃是说每个个体是很不一样的，生下来就有自己的特点和独特的天赋使命。教育正是要在人类本性的同一和人类个体的多元中，既帮助一个个的生命归于天心，同时依个体之不同尽其天赋，这样的人是能够活得幸福的。

中国传统的教育模式，用两句话概括："教为人之道，学为学之方。"在我们全盘吸收西方的学校系统后——侧重于知识的传授，即"为学之方"——我们几乎完全抛弃了自身传统教育中的"为人之道"的学问。原本"做人、做事、做题"的排序，变成了"做题"为最要紧之事，舍本逐末、本末倒置，这是我们当今教育出现问题的根源所在。

《论语》中有这样一句话："子曰：'志于道，据于德，依于仁，游于艺。'"它指明了孔子的教学次第与教学方针。"志于道"是人的天命所在，引导人向天命而行是教育的目的，即《中庸》所说"天命之谓性，率性之谓道，修道之谓教"。如果说，形而上的"道"不好把握，我们可以从"道生之，德畜之，物形之，势成之"找到通往"道"的具体道路——"德"。天心与人心，在"德"处合一，所谓"据于德"。以此仁心以凭依，再在学业、兴趣、天赋中"游于艺"，而成大器之用。

我们在本书中重点阐述了《学记》提出的教育根系：长善救失，即长养德性、开发天赋、纠正习气。在教学与日常中善养孩子的仁德之心，帮助孩子找到和开发其独特天赋，引导孩子觉察和纠正成长中的习气，这是他们的人生能够持续健康幸福的根基。由于教育是在社会与文化大背景中发生的，围绕《学记》内容，我们做了一个更广的解读与论述，希望借助中国传统经典，尽可能充分地揭示教育的本质。如果能帮助读者在家庭、社会、学校教育过程中减少焦虑与压力，建立信心，明确努力方向，便是编写本书的价值所在。倘有不足之处，也欢迎广大同仁交流指正、共同进步。

慈舟大学堂编辑部

2023 年 10 月

目　录

序……………………………………………………………………… 01

编者的话……………………………………………………………… 07

学记（原文）…………………………………………………………001

第一章　教学为先……………………………………………………005

　　1.1　真正地爱孩子，我们应该怎么做？…………………………006

　　1.2　和外界好好沟通还是逃避世界呢？…………………………008

　　1.3　君子是什么样子的？…………………………………………010

　　1.4　社会需要什么样的关键性人才？……………………………012

　　1.5　玉为什么要琢？………………………………………………015

　　1.6　知"道"对于育人为何重要？………………………………017

　　1.7　为什么"建国君民，教学为先"？…………………………019

　　1.8　传统文化是为统治阶级服务的工具吗？……………………020

　　1.9　学习和念头有什么关系？……………………………………023

第二章　教学相长……………………………………………………026

　　2.1　学中的"美味佳肴"在哪里？………………………………027

　　2.2　"至道"之人是什么状态？…………………………………029

　　2.3　"至道"格调如此"高"，影响孩子"谋生"吗？…………030

　　2.4　人能主动发现自己的不足吗？………………………………033

2.5 教的路上遇到困境怎么办？ ．．．．．．．．．．．035

2.6 为什么可以用"论"来作为明理修身的参考坐标？ ．．．．037

2.7 人"伦"纲常在现代是迂腐过时的吗？ ．．．．．．039

2.8 为什么教与学有"经纶天下"之功？ ．．．．．．041

第三章 教学建制 ．．．．．．．．．．．．．．．．．．．044

3.1 古时的教育机构与育人理念是什么样的？ ．．．．．045

3.2 古人如何理解幼儿时期的教育？ ．．．．．．．047

3.3 古人入大学后，"学业成长"考试考什么？ ．．．．050

3.4 大学伊始，"敬业"的重要性在哪里？ ．．．．．053

3.5 为什么要"乐群"？ ．．．．．．．．．．．054

3.6 为什么要"博习亲师"？ ．．．．．．．．056

3.7 为什么要"论学取友"？ ．．．．．．．．058

3.8 "小成"与"大成"的关联在哪里？ ．．．．．060

3.9 走上"大学之道"的人会有怎样的影响力？ ．．．063

3.10 "时"对当今教育有何启示？ ．．．．．．065

第四章 教之大伦 ．．．．．．．．．．．．．．．．．．068

4.1 古时大学的入学典礼是什么样的？ ．．．．．069

4.2 古时提倡"学而优则仕"，学习的主要方向是什么？ ．．071

4.3 仪式感对学习有何意义？ ．．．．．．．072

4.4 孩子可以惩罚吗？ ．．．．．．．．．．074

4.5 为什么考试的间隔时间如此长呢？ ．．．．．077

4.6 师者为什么要懂得"只看不说"？ ．．．．．079

4.7 善于聆听可以怎样助益师生的学与教？ ．．．．081

4.8 教之七伦的逻辑是什么？ ．．．．．．．083

4.9 为什么古时和现代都需要"仕师"？ ．．．．．085

第五章 大学之教 ．．．．．．．．．．．．．．．．．．088

5.1 古时大学的课堂与课后学习安排对今天有何启示？ ．．089

5.2 为什么要学"诗"？ ．．．．．．．．．092

5.3 为什么要学"礼"？ ．．．．．．．．．094

5.4 为什么要学"乐"? •••••••••••••••••••••••••••••••••097

5.5 什么是"劳逸结合"? •••••••••••••••••••••••••099

5.6 "安学、亲师、乐友、信道"有多重要? ••••••••••101

5.7 为什么教育必须以仁德为本? ••••••••••••••••••104

5.8 错误的教学方式是什么样的? ••••••••••••••••••106

5.9 为什么要培养孩子的"诚"心? ••••••••••••••••107

第六章 教之兴废••••••••••••••••••••••••••••••••••••••110

6.1 防患未然,还是亡羊补牢? •••••••••••••••••••111

6.2 把握时机,还是错失良机? •••••••••••••••••••114

6.3 循序渐进,还是拔苗助长? •••••••••••••••••••116

6.4 切磋琢磨,还是孤陋寡闻? •••••••••••••••••••118

6.5 优秀的老师是什么样的? •••••••••••••••••••••120

6.6 你必须这么做,是因为我为你好? •••••••••••••123

6.7 禁止你这么做,是因为我更权威? •••••••••••••124

6.8 直接给你结果,是因为我很厉害? •••••••••••••126

6.9 达到怎样的效果,可以称为"善喻"? •••••••••••127

第七章 长善救失••••••••••••••••••••••••••••••••••••••130

7.1 学得越多越好吗? •••••••••••••••••••••••••••••131

7.2 学得少了怎么办? •••••••••••••••••••••••••••••133

7.3 学得太容易或者学得太难怎么办? •••••••••••••135

7.4 学习产生问题的根源在哪里? ••••••••••••••••••137

7.5 长善救失为什么是教育的核心? ••••••••••••••••139

7.6 孔子思想对现代社会的重要价值在哪里? ••••••141

7.7 这个时代我们如何继志述事? ••••••••••••••••••143

7.8 老师如何引导学生"继志"? ••••••••••••••••••145

第八章 尊师重道••••••••••••••••••••••••••••••••••••••147

8.1 做一位好老师有多难? •••••••••••••••••••••••••148

8.2 博喻之师对学生的生命会有多大的影响? •••••••149

8.3 能做老师就有能力当领导? •••••••••••••••••••••151

8.4　谁能当一国之君？●●●●●●●●●●●●●●●●●●●●●●●●●●●●●●●153

8.5　谁是真正的一"国"之"君"？●●●●●●●●●●●●●●●●●●●155

8.6　做老师为什么要戒慎戒恐呢？●●●●●●●●●●●●●●●●●156

8.7　中国人为什么要强调尊师重道？●●●●●●●●●●●●●●●158

8.8　什么是道统与学统？●●●●●●●●●●●●●●●●●●●●●●●●●●160

8.9　引导尊师之风为何十分重要？●●●●●●●●●●●●●●●●163

第九章　进学之道●●●●●●●●●●●●●●●●●●●●●●●●●●●●●●●●●●●166

9.1　善学的学生什么样儿？●●●●●●●●●●●●●●●●●●●●●●●167

9.2　思考与静虑有多重要？●●●●●●●●●●●●●●●●●●●●●●●169

9.3　孩子"不善学"怎么办？●●●●●●●●●●●●●●●●●●●●●171

9.4　提问有什么智慧？●●●●●●●●●●●●●●●●●●●●●●●●●●●●173

9.5　答问有什么智慧？●●●●●●●●●●●●●●●●●●●●●●●●●●●●175

9.6　为什么"慢慢来，比较快"？●●●●●●●●●●●●●●●●●177

9.7　善于倾听是听什么呢？●●●●●●●●●●●●●●●●●●●●●●●179

9.8　启发式教学是怎样的？●●●●●●●●●●●●●●●●●●●●●●●181

第十章　志学志本●●●●●●●●●●●●●●●●●●●●●●●●●●●●●●●●●●●183

10.1　求学从哪里入手？●●●●●●●●●●●●●●●●●●●●●●●●●●●●184

10.2　学"道之平等"为何能从根本上减少教育焦虑？●●●186

10.3　学是为了"调御与平衡"？●●●●●●●●●●●●●●●●●●188

10.4　教是为了"调御与平衡"？●●●●●●●●●●●●●●●●●●190

10.5　为什么"大德不官"？●●●●●●●●●●●●●●●●●●●●●●●192

10.6　为什么"大道不器"？●●●●●●●●●●●●●●●●●●●●●●●193

10.7　为什么"大信不约"？●●●●●●●●●●●●●●●●●●●●●●●195

10.8　为什么"大时不齐"？●●●●●●●●●●●●●●●●●●●●●●●195

10.9　如何理解"志本"与"务本"？●●●●●●●●●●●●●●●●196

后　记●●●198

学记（原文）

　　发虑宪，求善良，足以谀（xiǎo）闻，不足以动众；就贤体远，足以动众，未足以化民。君子如欲化民成俗，其必由学乎！玉不琢，不成器；人不学，不知道。是故古之王者，建国君民，教学为先。《兑（yuè）命》曰："念终始典于学。"其此之谓乎！

　　虽有嘉肴，弗食，不知其旨也；虽有至道，弗学，不知其善也。是故学，然后知不足；教，然后知困。知不足，然后能自反也；知困，然后能自强也。故曰：教学相长也。《兑命》曰："敩（xiào）学半。"其此之谓乎！

　　古之教者，家有塾，党有庠，术（遂）有序，国有学。比年入学，中年考校。一年视离经辨志，三年视敬业乐群，五年视博习亲师，七年视论学取友，谓之小成。九年知类通达，强立而不反，谓之大成。夫然后足以化民易俗，近者说服而远者怀之，此大学之道也。《记》曰："蛾（yǐ）子时术之。"其此之谓乎！

大学始教，皮弁（biàn）祭菜，示敬道也；《宵雅》肄（yì）三，官其始也；入学鼓箧（qiè），孙其业也；夏楚二物，收其威也；未卜禘（dì），不视学，游其志也；时观而弗语，存其心也；幼者听而弗问，学不躐（liè）等也。此七者，教之大伦也。《记》曰："凡学，官先事，士先志。"其此之谓乎！

大学之教也，时教必有正业，退息必有居学。不学操缦（màn），不能安弦；不学博依，不能安诗；不学杂服，不能安礼；不兴其艺，不能乐学。故君子之于学也，藏焉，修焉，息焉，游焉。夫然，故安其学而亲其师，乐其友而信其道。是以虽离师辅而不反也。《兑命》曰："敬孙务时敏，厥修乃来。"其此之谓乎！

今之教者，呻其占毕，多其讯言，及于数进而不顾其安，使人不由其诚，教人不尽其材。其施之也悖，其求之也佛。夫然，故隐其学而疾其师，苦其难而不知其益也。虽终其业，其去之必速。教之不刑，其此之由乎！

大学之法：禁于未发之谓豫，当其可之谓时，不陵节而施之谓孙，相观而善之谓摩。此四者，教之所由兴也。发然后禁，则扞（hàn）格而不胜；时过然后学，则勤苦而难成；杂施而不孙（xùn），则坏乱而不修；独学而无友，则孤陋而寡闻；燕朋逆其师；燕辟废其学；此六者，教之所由废也。

君子既知教之所由兴，又知教之所由废，然后可以为人师也。故君子之教，喻也：道而弗牵，强而弗抑，开而弗达，道而弗牵则和，强而弗抑则易，开而弗达则思。和易以思，可谓善喻矣。

学者有四失，教者必知之。人之学也，或失则多，或失则寡，或失则易，或失则止。此四者，心之莫同也。知其心，然后能救其失也。教也者，长善而救其失者也。

善歌者，使人继其声；善教者，使人继其志。其言也，约而达，微而臧，罕譬而喻，可谓继志矣。

君子知至学之难易而知其美恶，然后能博喻；能博喻，然后能为师。能为师，然后能为长；能为长，然后能为君。故师也者，所以学为君也。是故择师不可不慎也。《记》曰："三王四代唯其师。"此之谓乎！

凡学之道，严师为难。师严然后道尊；道尊然后民知敬学。是故君之所不臣于其臣者二：当其为尸，则弗臣也；当其为师，则弗臣也。大学之礼，虽诏于天子，无北面，所以尊师也。

善学者，师逸而功倍，又从而庸之；不善学者，师勤而功半，又从而怨之。善问者如攻坚木，先其易者，后其节目；及其久也，相说以解。不善问者反此。善待问者如撞钟，叩之以小者则小鸣；叩之以大者则大鸣；待其从容，然后尽其声。不善答问者反此。此皆进学之道也。

记问之学，不足以为人师。必也其听语乎！力不能问，然后语之；语之而不知，虽舍之可也。

良冶之子必学为裘，良弓之子必学为箕，始驾者反之，车在马前。君子察于此三者，可以有志于学矣。

古之学者，比物丑类。鼓无当于五声，五声弗得不和。水无当于五色，五色弗得不章。学无当于五官，五官弗得不治。师无当于五服，五服弗得不亲。

君子曰："大德不官，大道不器，大信不约，大时不齐。"察于此四者，可以有志于本矣。三王之祭川也，皆先河而后海。或源也，或委也。此之谓务本。

第一章　教学为先

【本章略启】

　　本章是《学记》开篇，其要点是"念终始典于学"，生而为人从始至终最重要的是学，学习圣贤文化成为君子。君子的养成有以下三个阶段：如《大学》所说，格物、致知、诚意、正心，统称修身，即发虑宪，求善良；再到齐家、治国，可以动众，成为建设国家、造福百姓的栋梁人才；之后"平天下"是影响大众，使其能平等对待、安居乐业，社会和谐，世界和平。不仅对个体而言，还是对整体而言，教育是关键，所以"建国君民，教学为先"。教学的次第：启蒙明理，诚意正心；亲近贤良，仁民爱物；言传身教，化民成俗。其次第与《大学》三纲"大学之道，在明明德，在亲民，在止于至善"相契合，也与《论语》开篇"学而时习之，不亦说乎？有朋自远方来，不亦乐乎？人不知而不愠，不亦君子乎"相印合。

【原 文】

发虑宪，求善良，足以谋闻，不足以动众；就贤体远，足以动众，未足以化民。君子如欲化民成俗，其必由学乎！玉不琢，不成器；人不学，不知道。是故古之王者，建国君民，教学为先。《兑命》曰："念终始典于学。"其此之谓乎！

【时牧解】

发虑宪，求善良，足以谋闻，不足以动众；

1.1 真正地爱孩子，我们应该怎么做？

启发良知　顺道依仁

发虑宪："发"即起心动念；"虑"即思虑周详，《大学》"知止而后有定，定而后能静，静而后能安，安而后能虑，虑而后能得"中的"虑"；"宪"是正道，代表为典范、法度，也是世俗礼法之秩序。发虑宪可以理解为起心动念、考虑问题依循法度，择善从之。《学记》开篇就指出：教学的目标就是开启学生"人性中本自具有的善良"。

真正的教育是顺"道"而行的生命教育：符合天地自然的规律，与社会大众和谐共处，让生命渐趋幸福安乐。这个"道"，是智慧之来源，也是至福之依归。人如果顺道而行，则"自天佑之，吉无不利"；社会如果顺道而行，则如《道德经》所言"甘其食，美其服，安其居，乐其俗"。

也如费孝通先生所言，"各美其美，美人之美，美美与共，天下大同"。

道为德体　与人为善

"道"看不见、摸不着，难以言说，它是如何体现的呢？天心与人心，在"德"处合一。道体现在一个人的言行举止之中。"上德不德，是以有德"，这种德不是刻意为之，不是标榜做作，而是自然流露，润物无声。与有德之人相处，人会感到舒适、融洽，似乎身心都在无形中被净化。

如果说人生有一个根本的护身法宝，这个法宝就是德行，也就是"发虑宪，求善良"的善良。去开启孩子本具的善良，就是我们能给孩子的最好的爱。《楚书》曰："楚国无以为宝，惟善以为宝。"古时候传下来的经典家训，其内涵都离不开一个"善"字。

比如《了凡四训》这部明代家书，被誉为"中国历史上的第一善书"，讲述了了凡先生一生积德行善，从而改变了自己的命运，并且福荫子孙后代的故事。曾国藩先生读罢此书，改号"涤生"，终身践行，并将此书列为子侄必读"人生智慧书"，成就了曾氏家族经久不衰的传奇。正所谓"积善之家，必有余庆。积不善之家，必有余殃"。

修身明德　足以謏闻

《大学》云："自天子以至于庶人，壹是皆以修身为本。"修身需要反躬自省、诚意正心，通过学习圣贤文化来自觉自信自强，回归至真至美的生命之源。

《大学》三纲言："在明明德，在亲民，在止于至善。""发虑宪，求善良"喻谓三纲中的"明明德"，从经典文化、圣贤教育中，不断地"学而时习之"，向内"致良知"，就会"不亦说乎"。我们如果能够做到让孩子自动自发、心甘情愿地学，孩子学什么都不会觉得累，心甘情愿就会开心，也会"不亦说乎"。

要做到这一点，父母师长最重要的就是要以良知为本师、以万物为师，尊敬一切，慈爱所有。在当下每个言谈举止之中觉察本心，让自己的心时时保持清明，这是"明明德"的内涵。父母师长这样做，就会散发着慈爱的光辉，孩子如沐春风、心情愉快，更能展露天性中美好的德性。

就贤体远，足以动众，未足以化民。

1.2　和外界好好沟通还是逃避世界呢？

亲近贤良　精进不已

曾经有人问："什么才是让孩子道德优良的最佳方法？"正确的答案是，我们怎么说并不是最重要的，关键是做！孩子们会观察我们、模仿我们，我们做什么他们就跟着做什么。因此，我们面临着一项最为艰巨的任务，就是身体力行，让自己的道德优良，成为榜样。

中国的传统文化，说到底就是榜样文化。圣贤是民众的榜样，上级是下级的榜样，老师是学生的榜样，家长是孩子的榜样。《论语》中有这么一段对话："季康子问政于孔子。孔子对曰：'政者，正也。子帅以正，孰敢不正？'"所谓上行下效，我们跟随什么样的人，我们的言行就会不知不觉模仿这样的人，因此古人对择师、择友、择邻都非常慎重。

亲近贤能之人（就贤），是用榜样的力量时时督促自己精进，当时间越来越久，精进就会渐渐成为一种习惯。这并不是一件容易的事，一时致良知容易，一生致良知难；独处致良知易，处众致良知难。所以，自己"明明德"足以谍闻，不足以影响其他人。如果能"亲民""体远"，将学修的德性在世俗生活中实践，在人与人的是非对错中仍然精进不退，才能感召和影响其他人（就贤体远，足以动众）。

素位而行　知权达变

有人可能会问：一定要"足以动众"吗？不可以让自己或者我们的孩子仅仅"发虑宪，求善良，足以谍闻"吗？我们也没有指望孩子成为栋梁之材，只要他过得开心就好。

太阳底下没有新鲜事，我们能想到的问题，古圣先贤早就思考过。试想，孩子可以离开俗世、关起门来一个人生活吗？离开俗世，没有生活。每个人都生活在各种关系中，关系本身就是复杂的。孩子要在关系里学习生活，未来还要应对更复杂的社会关系。

我们都希望自己的生活没有烦恼，也希望孩子幸福快乐。然而，世界并不像我们想象的那么简单，也不能一遇到问题就像鸵鸟一样把头埋在沙里假装看不见。世上的一切人、事、物都是矛盾体。人的简单是心上的简单，人的成就是在是非中成就。正如《中庸》所言"道不远人，人之为道而远人，不可以为道。"

《论语》亦云："知及之，仁不能守之，虽得之，必失之。"知及了，明理了，还需要在世事磨炼中"守仁"。日日"反躬自省、修身改过"，念念"格物致知、诚意正心"，不仅要修内在之德行，也要积蓄入世之才能。在修身的路上，我们会因清净己心而变得平和，因开启智慧而提升洞察力，也能够更好地施展自己的天赋。以一颗清净的心，智慧地与外界产生良性互动和沟通，对一个人一生的幸福至关重要。

体察亲民　小德川流

一个人既亲近贤能，又能以自身贤德贤能爱护亲人、体恤民众、礼敬天地万物，可谓"小德川流"。这是《大学》三纲中的"亲民"，也是《论语》中"有朋自远方来,不亦乐乎"四海为朋之境界。《大学》有云，"身修而后家齐"，在不断正心修身之时，首先受到正面影响的就是我们的家人。

我们会发现，家庭气氛越来越和谐，家人也都在逐渐成为更好的自己。很多家庭之所以不和谐，是因为大家都想着去改变他人来适应自己，但往往都徒劳无功。当我们自己的思想、语言和行为日益提升时，他人便能在潜移默化中受到影响，这就是"不以言教而以身传之"的力量。

当一个人内在光明、德行高尚、能力彰显之时，他会影响更多的人。老师会影响到学生，企业家会影响到团队，为官者会影响到一方百姓，越多的人受其影响、被其化育。最终成为心性光明、德才完备的圣人，内圣而外王。这便是《大学》三纲中的"止于至善"，即化民成俗、无为而为、忘己忘功、自然而然。

君子如欲化民成俗，其必由学乎！

1.3　君子是什么样子的?

德才兼备　文质彬彬

圣贤是德才完备之人，他们既圆满了自身的生命价值，又对社会产生了最大价值贡献，是人类最高生命状态的典范。虽然并非人人都能成圣贤，但立志向典范看齐，"高山仰止，景行行止"则是教育的必然要求。一个人只有不断地提升自己的素养，在日常生活中顺道而为，方能成为德才兼备的君子。

子曰："质胜文则野，文胜质则史。文质彬彬，然后君子。"君子不但有内在之"质"，心中如保赤子；也有外在之"文"，处世有礼有节。他们践行中华文化的精髓，回归圆融无碍的"中道"，德才兼备、文质彬彬。正如《中庸》言："故君子尊德性而道问学，致广大而尽精微，极高明而道中庸。"

在孔子之前，"儒"只是社会的一个行业，主要职能是学习古代各种知识技能，然后教给别人。孔子提出君子儒与小人儒的区别后，"儒"上升为"儒家"，这一学问叫作"儒学"。师者就是要教人做君子，他自己也必须是君子，使得学生"久而入芝兰之室"，自染其香。孔子告诉弟子子夏"女为君子儒，无为小人儒"。

有德有乐　智慧如海

君子有何德？《中庸》告诉我们："知、仁、勇三者，天下之达德也。"子曰："知者不惑，仁者不忧，勇者不惧。"君子凭借着自己的修学、修身之功，突破了人性中的重重局限与障碍，少惑、少忧、少惧。

少惑，是说他们能透过现象看清事物的本质，快速洞悉问题的核心关键，顺道而行，所以他们是智慧的决策者；少忧，是说他们启发了内心本具的良知，自然显发仁爱之心，不仅滋养着自己的身心，还能给他人带来温暖，所以他们是正能量的引领者；少惧，是说他们拥有足够强大的内在力量去面对问题与挑战，也能坦然接受各种结果，所以他们能成为引领众人的先锋。

正如《中庸》所言："君子素其位而行，不愿乎其外。素富贵，行乎富贵；素贫贱，行乎贫贱；素夷狄，行乎夷狄；素患难，行乎患难。君子无入而不自得焉！"

君子自在　实践入世

君子"和而不同、周而不比"。他们不会清高孤傲，不会排斥与自己不同的人，也不会轻视不如自己的人。相反，他们还会以人为师，"择其善者而从之，其不善者而改之"。

君子能行则行，能止则止。君子也不意味着要被道德绑架，该上的时候要上，不该上的时候也不强出头。孔子就赞扬了进退自如的蘧伯玉，说他"君子哉蘧伯玉！邦有道则仕，邦无道则可卷而怀之"。

君子超然豁达，安然自在。他们不怕穷困，无畏窘境，富贵、贫贱皆能心安，"君子无入而不自得焉"。真正的君子，知之愈明，行之甚笃，使近者悦，远者来，躬行利世，化民成俗。

发虑宪，求善良，足以谢闻，不足以动众；就贤体远，足以动众，未足以化民。君子如欲化民成俗，其必由学乎！

1.4　社会需要什么样的关键性人才？

自觉觉他　自利利他

《学记》的开篇就讲述了层层递进的学修路径：即"足以谢闻""足以动众""足以化民"。能真正做到"化民成俗"的君子，才是社会需要的关键性人才。

教育就是生命影响生命，灵魂接引灵魂，以先觉带后觉，生生不息的一个过程。"动众"之人，以贤德之才为榜样，来修为自己，从而影响他人。先自觉才能觉他。当自我修为达到足够的明悟时，方可成为"化民成俗"的君子。这样的君子既能觉悟本心，又能中行于世。

《中庸》云"喜怒哀乐之未发，谓之中"，无名起情绪就是失了"中"，行为上也很难"中行"。圣人是"发而皆中节"，内心坦荡平和，如此便能"入世行义"以达道，也就是"人不知而不愠，不亦君子乎"的境界。

这样的君子，有足够的力量去影响、引领他人。在自己获得幸福的同时，带动大众走向更幸福、更圆满的生命。自利与利他，本就是一体两面，帮助他人幸福就会提升自己的幸福。

学无止境　大德敦化

君子通过"学"来自我觉悟，通过"教"来觉悟他人，用生命影响生命，以先觉启发后觉，由"独善其身"到"兼济天下"，这也正是学习与教育的意义。

学无止境，成为君子不是一成永成的结果，是一个一生都在持续的过程，需要终身不懈的修养。人的幸福感正是在灵魂不断提升的过程中实现的。因此，教育被称作"灵魂的工程"。从"知之"到"好之"，从"好之"到"乐之"，"学习"就是一个逆流而上、历经险阻、渐入佳境的过程。渐学渐知生命之美，渐学渐尝至道之味，逍遥之乐亦在"学"中，所以《论语》开篇破题："学而时习之，不亦说乎？"

要成为化民成俗的君子，必将经过冰寒彻骨的磨砺、千锤百炼的考验。在利益攸关之时、生死存亡之际，才能看到一个人真实的高度。有大成就者都是破难者，不断突破自己才能到达高段位。当一个人通过不断地"明明德"和"亲民"，培养自己细小的德行，细小的德行就如溪流、河水般绵延不息，滋润着所到之处的人、事、物。而小的细流终将汇聚成大的江海，这时就可以恩泽万物，利施大众。《中庸》谓之"大德敦化"。

孝为学首　连根养根

如果说"学"在内体现为"正思维"的义，在外则首先表现为"孝亲"的礼。"教"字，左边一个"孝"，右边反文旁"攵"。"攵"在《说文解字》解释为"小击"，表示辅助手段，即，万一不守规矩、不讲道理，就用强制手段来纠正。离"孝"即为不正，需要"击打"。师者，主要责任是教"孝"也。

《中庸》云："仁者，人也，亲亲为大。义者，宜也，尊贤为大。"为什么儒家会把"亲亲"作为做人的根本呢？《论语》也说："孝悌也者，其为仁之本欤！"古人观物取象，仰观天文，俯察地理，近取诸身，远取诸物，感而遂通天下，形诸文字，教导子孙后代要"敬天、法祖、尊师、孝亲、重道"。

"敬天、法祖、尊师、孝亲、重道"的祖宗信仰，是中国文化区别于西方社会的关键所在。人是从父母来的，父母是从祖宗来的，祖宗是从天地间来的，这一环断掉之后，将就成为失去本根的漂泊一族。这是造成当今社会人心深处幸福感不足的主要原因，也是我们在育己育人中需要重拾起来的信仰。

"爱人利物之谓仁"，爱天下人、利于万物，叫作仁。如果要把爱推广为人与人之间相处的普遍原则，要从找到一个最切近的出发点入手，就是从对亲人之爱开始。儒家提出："立爱惟亲，立敬惟长，始于家邦，终于四海。"先从爱亲人开始，以爱万物。至圣先师孔子认为，至德要道在于孝。爱亲是仁心的发蒙，而仁道的大成在于推亲及疏、推己及人，而后"四海之内皆兄弟"，以天下为一家，以整体为一人，最后达成一种亲密无间、人与人之间互相关爱的社会。这也是为什么《孝经》中强调"夫孝，德之本也，教之所由生也"。正所谓：无孝不成教，有教孝当先。

玉不琢，不成器；人不学，不知道。

1.5 玉为什么要琢？

性善性恶　惟琢惟磨

"玉不琢，不成器"是说璞玉只有经过精心打磨，才能成为精美的玉器。《诗经》亦云："如切如磋，如琢如磨。"每个人的"慧命"如同太阳，本来就光芒万丈，开显之前如同被乌云层层包裹。老师开显学生慧命，如同拨云见日，亦如同打磨璞玉、制作出美玉的过程一般。

阳明先生有一句著名的心学四诀："无善无恶心之体，有善有恶意之动，知善知恶是良知，为善去恶是格物。"人人本具自性光明，而能够恒定如始、常放光明的却不多，这既需要由学而觉悟，又需要觉而长保。人的念头是有善有恶的，能够觉察到善恶之念并"择其善者而从之"，便是"致良知"。

人可以不经教育而致良知吗？这个问题是中国传统教育的出发点。儒家对"学"极其重视，是因为他们早已看到人是一个再复杂不过的生物。从根本上来讲，人的动物性居于人性的第一位，孔子指出，"吾未见好德如好色者也"。饮食男女，不学而成。

孟子讲性善，是说人有善的可能，经过适当的学习、得到教化的话，人是可以为善的。荀子《性恶篇》说："人之性恶，其善者伪也。"

一个人本性是恶的，只有长期精进学习、磨炼培养心性，才能使"好德"成为第二天性，所以荀子第一篇也是《劝学篇》。人需要满足身体之动物性需求，但更需要润泽心灵之德性来引领，才会真正感到幸福。

知错能改　改而为贵

人非圣贤，孰能无过？每个人身上既有君子性，也有小人性。除了琢磨"为善"，人还要琢磨"改错"。"德之不修，学之不讲，闻义不能徙，不善不能改，是吾忧也。"致良知而行，君子之德性便会日益彰显。其心之光辉充容，可以远内在的小人，可以容外在的小人；既教化自己的内心回归仁，也感染外在的小人做君子。

大道本来平等，但把外界的人事作"君子"与"小人"的区分，并不是儒家"清高自恃"，而是人有"学和不学"的区别，非有"是与不是"的差别。人虽然有身份、性别、工种、习性等区别，但人的生命本质并没有高低尊卑的差别。孔子说"有教无类"，人本自性清净，无有差别。但不"学"，则"人之所以异于禽兽者几希"。人之所以区别于禽兽，是因为人有道德良知，即仁心。正所谓"庶民去之，君子存之"。

对待他人之过错，君子之学是"严于律己，宽以待人"，是"见不贤而内自省也"。而对待自己之过错，儒家也有宽容的一面，犯错不可避免，但关键在于能不能改。孔子言："过而不改，是谓过矣。"春秋时期卫国的大夫蘧伯玉，是孔子称颂和尊敬的君子，被历代尊奉为"君子典范"。他二十岁时，觉得自己以前做得不好的地方都改掉了；到二十一岁，才知道之前的错误并没有改完；到二十二岁回看二十一岁，又像做梦一样。"岁复一岁，递递改之，行年五十，而犹知四十九年之非。"人的成熟，是笑自己过去的无知。人的成器，需要不断地琢磨自己，正所谓"学而成人"也。

1.6 知"道"对于育人为何重要？

以道入教　道大人大

"人不学，不知道"，也就是说，人不经过学习，就不会明白"道"。而"道"又是什么？

《道德经》中说："道可道，非常道；名可名，非常名。无名，天地之始；有名，万物之母。"《易经》说："易有太极，是生两仪，两仪生四象，四象生八卦。"《论语》说："夫子之文章，可得而闻也；夫子之言性与天道，不可得而闻也。"这个"道"有许多的名字，有时名"天"，有时名"易"，有时名"道"。宇宙间道无处不在，但是有形的语言却不能表尽无穷之道。

老子说："吾不知其名，字之曰道，强为之名曰大。""道大，天大，地大，人亦大。域中有四大，而人居其一焉。"当人们称赞一个人是"有道之人"，意思是他是一个"大人"，中国的传统教育就是教人成"大人"的教育，修此道即为教。"夫'大人'者，与天地合其德，与日月合其明，与四时合其序，与鬼神合其吉凶。先天而天弗违，后天而奉天时。"

不违规律　不离整体

前文提到，天心与人心在"德"处合一。一部《道德经》就是在阐述事理的总源，即天地宇宙间的运行规律。二十一世纪，人工智能正在引发第四次工业革命，人的教育问题已经关乎整个地球的兴衰存亡。越是智能的时代越要有德，越是重大的发明越要有"有德之人"管理。

道是亘古不变的，永远都在那里。然而如果不"学"，就无法知晓。得道成德，非学不可。中华文明讲求天人共生，实现天地万物和谐。

中华民族的基本思想建立在人与天地互通，实现主体和客体统一之上。

这种整体思维和全局观体现了中华传统文化的智慧，"万物并育而不相害，道并行而不相悖"。世界并非是你败我胜、你有我无的零和博弈，而是和合共生、美美与共、相生相长、循环互养的关系。但这样的思维是需要引导的，不学是不能自然地知"道"的，不学也不能长久地行"道"。为人师长者，既是自己的老师，又是子弟的榜样，"自己行道、导人学道"是我们的本分。韩愈《师说》云，"道之所存，师之所存也。"

克己复礼　吉无不利

《左传·昭公十年》写道："凡有血气，皆有争心，故利不可强，思义为愈。义，利之本也。"人皆有争心，这也是为什么中华文化如此重视"义"，并非是有意轻"利"，而是无义则无人可以真正得利。"君子义以为质，礼以行之，孙以出之，信以成之。"把"义"作为行事的根本依据，敬礼序、懂谦让、守忠信，而成大人、得大利，这样的君子是社会的福音。

德者，得也。内得于己，是身心所自得；外得于人，是惠泽使人得之。世上没有无缘无故的缅怀，一个人把多少生命纳入人生规划，决定了他可以受多少尊仰。"使自己得"不用教，惠泽使众人得，需要礼让的教化。《左传·昭公十年》强调，"让，德之主也。"崇尚谦让，需要学习圣贤文化，否则只会离道越来越远。"讲信修睦，尚辞让，去争夺，舍礼何以治之？"荀子讲："师者，所以正礼也。"

另一方面，人的基因就是要自保，它要通过一代代子孙繁衍下去，因此，父母爱孩子是自然而然的。可子女回过头来爱父母，对父母之好胜过对孩子之好，是需要努力的。《了凡四训》言："试看忠孝之家，子孙未有不绵远而昌盛者。"中国传统将孝道置于伦常之首，是以孝来修道，能够克制自己而回复天地礼序，涵养如玉之心灵。孝乃德之本，它顺天应地，始于事亲，终于立身。

是故古之王者，建国君民，教学为先。

1.7 为什么"建国君民，教学为先"？

建国为国 君民君己

据东汉文学家班固在《汉书》中记载，古人"爪牙不足以供耆欲，趋走不足以避利害，无毛羽以御寒暑，必将役物以为养，用仁智而不恃力，此其所以为贵也。故不仁爱则不能群，不能群则不胜物，不胜物则养不足。群而不足，争心将作，上圣卓然先行敬让博爱之德者，众心说而从之"。

古人行仁爱而建立邦国，人心人力因此靠拢，能够一起抵御自然界的风险，同时集合人的力量开采资源、聚居生存繁衍。比如大家聚在一起但粮食不足，一定会起争夺之心，圣贤之人就要带头恭敬、礼让、博爱，众人感佩其德行，心悦诚服而自然地汇聚在他身旁，"从之成群，是为君矣；归而往之，是为王矣"。这也是君之所以为君的秘诀：带头奉献。

君民，是指使人成为君子、使人成为大人。说到"教学为先"，谁应该最先接受教育成君子成大人，而谁又其次呢？这应该是一个自上而下、由君到民的过程。中国文化是榜样文化，"自天子以至于庶人，壹是皆以修身为本"。对其他人最好的教育，是先自我觉悟、做好自己，自然而然产生影响力，如果为人师、为人长（既指家长，也指领导），自己做不到诚意正心、念念归仁，想要去教育好其他人，是不可能的。当君王能诚意、正心、修身、齐家，再辅以贤良之才各归其位、各司其职，百姓就能被影响化育，在有形与无形的教化中得到提升，这也是社会最高明的治理之道。

圣贤教育　幸福标配

古之明王都非常明白人才的重要性，认为治国的根本在人。《中庸》有言："其人存，则其政举，其人亡，则其政息。"《荀子》中这样说："法者，治之端也；君子者，法之源也。故有君子，则法虽省，足以遍矣；无君子，则法虽具，足以乱矣。故明主急得其人，而暗主急得其势。"由此可见，贤才对于一个国家的重要性，而培养君子的教育工作也就至关重要。

圣贤文化教育，是培养为国为民的圣贤君子。它教导人拥有大格局、大心量、大眼界，这样的人看到的不是一物一时，而是人间山河、千秋万代；这样的人想到的不是一己所得，而是独乐乐不如众乐乐。当一个人不断提高自己的认知、提升自己的灵魂格局，他便不会囿于眼前是非，也不会觉得高人一等。而当一个人能从"我是你非"中走出来、从"人低我高"上走下来，走到人民中去，为人民服务，也就离幸福更近了。

学习圣贤文化、学会做人做事、知道如何走向幸福生活，这并不是少数人的专利，应该是每个人的标配。

1.8　传统文化是为统治阶级服务的工具吗？

了解传统　为政以德

现代有不少人对传统文化有着根本性的误解，认为这是为统治阶级服务的，是道德绑架，是封建礼教，是古代统治者们愚民的工具。不可否认的是，在位者想要通过"愚民政策"来控制人的思想、维护自己阶级利益的现象历史上确实存在，但这并不是中华优秀传统文化的真正内涵。

"仁爱德让，王道之本也。爱待敬而不败，德须威而久立，故制礼以崇敬，作刑以明威也。"仁爱德让是王道的根本。在中国，为君、为王、为领导者，即是大众的榜样，在这样的高位，意味着人民对其品行寄予了高度期待。大家不会与普通人太计较，但如果是为人师、为人长、为人君，是他人学习的榜样，人民就会在意他们的言行。

《尚书》云："民惟邦本，本固邦宁。"《孟子》言："民为贵，社稷次之，君为轻。"《淮南子》言："食者，民之本也；民者，国之本也；国者，君之本也。"经典在不断地强调民为本、民为天，"民贵君轻"的思想是我们中国文化的主流主张。传统文化并不是要奴役人民，而是为了建国君民、国泰民安。圣贤教育也并不是要维护统治阶级利益，而是要让上下得以教化，使为政者厚德贵民。

顺逆昌亡　自我革命

现实中不乏有少数为政者以权谋私，但天网恢恢疏而不漏，因为这样的做法与"天下为公"的"大道"相违背，即使获得短暂的利益，也必然走向衰亡。

春秋时期名相管仲言："君人者，以百姓为天。百姓与之则安，辅之则强，非之则危，背之则亡。"《晏子春秋》亦言："义，谋之法也；民，事之本也。故反义而谋，倍民而动，未闻存者也。"为政者是以己为本、追逐小部分群体的私利，还是以民为本、带领大众实现共同富裕与幸福生活，这直接决定了民心之向背，而民心之向背又决定了国家之兴衰。正如《尚书·泰誓》言："天视自我民视，天听自我民听。"

世界是动态平衡的，即使少数人以权谋私，天道却自有公平，这是不可违背的规律。如果以权谋私的人越来越多，积重难返，对社会则是倾覆之灾。尧传位于舜时曾经叮嘱："四海困穷，天禄永终。"假如天下百姓都受苦煎熬，上天赐予的禄位也就会永远终止。孔子曰："君者，舟也；庶人者，水也。水则载舟，水则覆舟。君以此思危，则危将焉而不至矣！"如何打破治乱兴衰的历史周期律？如何促进政治持续清明、经济良性繁荣、人民和平幸福？自我革命是出路！

了解经典　亲近经典

人们有时也会因为对经典理解得不透彻，造成错误解读某些语句。比如，《论语·泰伯篇》中有这样一句话"民可使由之，不可使知之"，这句话往往被认为是为政者的"愚民政策"，被人诟病。殊不知，这是为政者育化百姓的高明之举。它的意思是：让百姓通过"知之"的方法主动来学习圣贤教育，着实有一定的难度，因为对于大部分普通人来说，自主学理与践行并不容易。那么为政者怎么做呢？先让自己成为榜样，让百姓来效仿，即"由之"，用身教的力量去影响、化育百姓。这种教化使百姓在无形中得到提升，社会也自然而然变得和谐有序。

诸如此类被错误解读的经典，还有《道德经》中的"常使民无知无欲，使夫智者不敢为也"，以及"圣人不仁，以百姓为刍狗"等。对文义的曲解，造成了人们许多错误的认知。能够以虔诚之心深入学习经典的人，一定会为自己祖先的智慧惊叹和感动。钱穆先生曾评论儒家学问："孔子之所启示，乃属一种通义，不受时限，通于古今，而义无不然，故为可贵。"

当人人都能遵圣贤教化而回归礼乐、有序和谐地生活，那会是怎样的画面呢？在《礼记·礼运篇》中，孔子描述了礼乐社会的理想景象："大道之行也，天下为公，选贤与能，讲信修睦，故人不独亲其亲，不独子其子，使老有所终，壮有所用，幼有所长，鳏寡孤独废疾者皆有所养。男有分，女有归。货恶其弃于地也，不必藏于己；力恶其不出于身也，不必为己。是故谋闭而不兴，盗窃乱贼而不作，故外户而不闭，是谓大同。"这天下大同的美好社会，是中华复兴梦的圆满呈现，也是"人类命运共同体"的最终目标。

《兑命》曰："念终始典于学。"其此之谓乎！

1.9 学习和念头有什么关系？

学以养德 道在当下

《尚书·兑命》中有这样一段话："念终始典于学，厥德修罔觉。"意思是说："念要始终放在'学'上，美好的德行就会不知不觉养成。"《尚书·兑命》记载了傅说辅佐商王武丁复兴殷商的言论，这里是傅说给商王武丁的谏言，希望他能记取并学习先人的古训，时刻保持学习、觉悟，以增长自己的德行。

前文我们曾提到，通过学来养成君子，应该是一个自上而下、由君到民的过程。从傅说给商王的谏言"念终始典于学"也不难看出，这是在提醒君王要念念觉悟、时时修身，以增君王之德行。这里的"学"仅仅是学知识吗？很显然不是。是"学道"，而道并不在别时别处，就在当下。

目前的教育忽视了"学道"这一关键，家长、老师非常重视孩子的学科成绩，对孩子的品性修养不够重视。即使意识到孩子品德的重要性，也可能因为抓不到"要害"而收效不大。孔子教诲学生时常常引用《诗》《书》《礼》，但更强调在人伦日常中去实践。他曾对学生说："二三子以我为隐乎？吾无隐乎尔。吾无行而不与二三子者，是丘也。"他的教诲都在日常生活的点点滴滴、行住坐卧之中，无所隐匿，不教而教。

念念在学　学成君子

念终始典于学。到底学什么？读书是为了什么？圣人立学立教，是为了建立一个精神文明高度发达、人人相亲相爱的美好社会，归根结底在于人要成为好人，即君子人格。

学为君子，是一个人对自己生命最大的责任，也是为人师长者对年轻后辈最好的交代。君子不标榜自己为师，而是带领他人找到"良知"作本师，是为启蒙老师。《象》曰："山下出泉，蒙。君子以果行育德。"蒙卦，下坎上艮，艮为山，坎为水，山下出泉水。水是智慧与生命之源，启蒙老师就是凿山开泉、开显他人生命智慧的人。

厥德之要在五伦，伦常之外无学问。子夏曰："仕而优则学。""仕"除了指"从政当官"，更有"做榜样"的深刻内涵。如果一个人在为人处世上做了很好的榜样，等于是在"学"。"贤贤易色；事父母，能竭其力；事君，能致其身；与朋友交，言而有信。虽曰未学，吾必谓之学矣。"这些都是在具体生活实践上的实学。

反之亦如是，"学而优则仕"。《论语》云："或谓孔子曰：'子奚不为政？'子曰：'《书》云："孝乎惟孝，友于兄弟，施于有政。"是亦为政，奚其为为政？'"别人问孔子为何不从政，孔子说："《尚书》中说：'孝啊！真是孝啊！能友爱兄弟，以这种品德影响政治。这就是从事政治（做好榜样）了，否则如何才算是从事政治呀！"

转念即学　反省近道

子曰："君子谋道不谋食。耕也，馁在其中矣；学也，禄在其中矣。君子忧道不忧贫。"孔子并非鼓励每个人饿着肚子去学道，他只是说，涉及"学"这件事时，不应该只想着以后如何谋生，而应该首先想到谋道。如果我们的教育以教出"考上名牌大学、找到高薪工作"的孩子为主要目的，那么孩子的舞台大多也就止于此，而人的幸福感与他"近道与否"关系最大。教育的终极使命与责任在于"完成理想人格、建设美好社会"。

念正即归道。从君到臣再到民，觉悟修身成君子的关键在于能反省改过，反省得越透彻，改过得越彻底，也就离道越近。曾子说："吾日三省吾身"，一日如果能反省一次比从不反省强，而反省多次又比反省一次强；如果能念念觉察、念念醒悟，则是最佳的善护心念。

"心为万力之本，由内向外则可生善、可生恶、可创造、可破坏。由外向内则可染污、可牵引、可顺受、可违逆。修之以正则可造化众生，修之以邪则能涂炭生灵。心之伟力如斯，国士者不可不察。"与道相印的心需要护持，才能使清静本性常保不退。在每个当下体证笃行，才能逐渐与道合一。"念"就是要在每个当下觉悟，"学"就是要时时践行。修身的一生是改过行善的一生，改过行善的一生即学习的一生。

第二章　教学相长

【本章略启】

本章通过举例阐明了实修实证、勤学不辍的重要性，提出了"教学相长"的理念，在学中知不足，在教中知困，"学"与"教"如《诗经》所云：如切如磋，如琢如磨，"学"与"教"在正己化人中反复交替，明明德而亲民，亲民而明明德，通过长期的修证，直至止于至善。教的水平和学的成效便自然得以提升。

【原　文】

虽有嘉肴，弗食，不知其旨也；虽有至道，弗学，不知其善也。是故学，然后知不足；教，然后知困。知不足，然后能自反也；知困，然后能自强也。故曰：教学相长也。《兑命》曰："敩学半。"其此之谓乎！

【时牧解】

虽有嘉肴，弗食，不知其旨也；

2.1　学中的"美味佳肴"在哪里？

问题纷繁　追本溯源

现在很多孩子在求学时找不到学习的乐趣，参加工作后不知道生活的乐趣，生命质量好像随着年龄的增长不断下降。许多父母开玩笑说："孩子刚出生时，觉得自己的娃天资聪明，是清华北大的天才，慢慢地滑向普通本科也可以，再往后就越来越像马尾线提豆腐，提也提不起来了。"

为什么孩子的生命质量会随年龄增长而下降呢？有人怪父母不尽责，有人怪老师不称职，有人怪孩子自己不行……如果一个问题已经成为社会上的一种普遍现象，那就不会是任何单一因素所造成的。如果仅仅从问题出现的层面找答案，问题永远解决不完，因为没有从问题的根源寻找答案。

人是被教育出来的，哪怕一个人没有进学校接受教育，社会风气和家庭风气就是他的教育。如果人普遍出了问题，一定是对他的教育出了问题；如果教育出了问题，我们必须追本溯源叩问教育的本质。父母看到自己的孩子刚出生时都是聪明伶俐的，为什么后来会逐渐相信孩子"不过如此"呢？每个孩子都是带着天命来的，可以说：无一例外都是因为缺少了正确的引导和教育。

以仁育人　以己正人

再好的珍味佳肴如果不去品尝就难以发现它的美味。同理，如果孩子学习时找不到学习的乐趣，就不会感受到学习的美妙。孩子或许学了很多，但如果没有体会到学习的最精微奥妙之处，在以后的人生里，也就很难体验到人生真正的幸福。本书开篇点明：教育的本质是引导人回归人最重要的德性——"仁"，并启发人本身所具有的天性。以此为根本，不仅可以提升孩子的生命能量，更为孩子实现自我价值奠定基础，让孩子成为大才大器。

孔子提倡"仁"的教育。在孩子成长的过程中，当他内心最柔软的地方被触碰时，他的感动与喜悦之心便油然而生。这"柔软"便是"仁"之所在、"良知"之所在。而孩子自身，他会非常喜欢这种感觉，尽管他可能暂时还不明白为什么。一个能触动孩子"柔软"处的师长，教育和引导孩子是毫不费力的。譬如一头牛，浑身都硬，皮鞭抽都抽不动，唯牛鼻子是全身最柔软的地方，一牵就走。

从这个根本点出发，教育又回归到为人师长者自身了。一个能牵动他人"柔软"处的人，自己必然是个慈爱的人；一个能引导他人时时归仁的人，自己必然在生活中念念觉照、自我提升。"教"这个字，在《说文解字》中解释为"上所施，下所效"，"上所施"并不是空洞的说教，更是身体力行的感化，而这就需要通过"学"来正己，才能达到"下所效"的育人效果。

虽有至道，弗学，不知其善也。

2.2 "至道"之人是什么状态？

感通天理　心地清明

对于学习，古人有很明确的目标就是"道"。向道而行谓之君子，而达到"至道"之人，称为"圣人"。

"至道"是智慧来源的根本处，是洞悉真理的清明地。孔子的弟子颜回能闻一知十，仅仅是靠头脑聪明就可以达到这个状态么？《道德经》言："不出户，知天下；不窥牖，见天道。"为何圣人有这样高妙的智慧？庄子言："水静犹明，而况精神！圣人之心静乎！天地之鉴也，万物之镜也。"达到"至道"的圣人，以如镜般的心照见大千世界，洞悉事物的本质，生发无穷的智慧。

虽然圣人智慧之高难以企及，但我们不难发现有些人有着超乎常人的直觉力与洞察力，能在各自的领域屡出佳绩。一个人越接近道，心地越清明，越能与万物相感应，激发自身的灵感与创意。正如越是澄澈宁静的湖面，越是能清晰地倒映出天上人间的景致。《易经》言："易，无思也，无为也，寂然不动，感而遂通天下之故。"我们现在通俗说的，"花一秒钟就看透事物本质的人，和花半辈子都看不清事物本质的人，注定是截然不同的命运"，也是同样的道理。

行于人间　超越矛盾

"至道"也是去除了烦恼的清净地，是离开了妄念的心安处。人是活在二元对立的红尘世界中：有苦就有乐，有对就有错，有好就有坏，有美就有丑，有生就有死。如果穷有穷的苦，富人就没有苦了吗？如果普通人有普通人的苦，名门望族的人就没有苦了吗？如果在城市里生活有苦，那么躲进深山老林里就没有苦了吗？

走向"至道"之人"感而遂通天下"，于天地，他们明了宇宙的运行规律，人心趋向天心；于人间，他们知道世界本来就是二元形成的。幸福之道不是要逃避矛盾，而是要用智慧去化解矛盾。圣贤文化就是追求真正幸福的文化，心不苦，人生才能幸福。如果不将这一根本义理传承给下一代，我们的教育如何能致力于人的真正幸福呢？

要说烦恼苦难，孔子本人的一生就是多难的一生。他三岁丧父，十七岁丧母，老年丧子。家境贫穷，管过仓库，看过牛羊，他说自己"吾少也贱，故多能鄙事"。五十多岁开始周游列国推行"仁政"理想社会主张，历经十四年之久，但屡屡碰壁。《史记·孔子世家》记载他"累累若丧家之狗"。如此多难的一生，却是非常刚健的一生。如他自道：吾"乐以忘忧，不知老之将至"，也能"饭疏食饮水，曲肱而枕之，乐亦在其中矣"。不管年老还是年轻、贫穷还是富贵、顺境还是逆境，他都能保有刚健的人生态度和"乐在其中"的生命境界，点亮自己，照亮他人。古人言："天不生仲尼，万古如长夜。"

2.3 "至道"格调如此"高"，影响孩子"谋生"吗？

虽有至道　弗学不信

《学记》把"至道"作为学的根本方向，在当前经济全球化的时代，人类社会需要靠资源的互换流通生存、发展和繁荣。父母可能会有疑虑：在这个竞争激烈的社会，"谋至道"的方向是否已经过时了？如果学"道"为根本，那么如何才能给家人和自己提供良好的物质生活条件呢？

合于天道的事物自然会繁荣发展，处在矛盾世界而超越矛盾的方法也在于接近"至道"。父母如果还存在这种疑惑，根源在于"虽有至道，弗学，不知其善也"。如果自己不能切身感受圣贤文化给外在和内在的生命带来的积极变化，就无法体会到"向道而行"的精微奥妙，也就不能坚定"至道"之学对孩子人生的重大影响。

现实中的"谋生"分为需要与欲望：需要是人生活的基本需求；欲望伴随着人性的弱点，容易过度，所谓欲壑难填。如何平衡好需要和过度欲望的关系，是君子必须知道的。《大学》有曰："是故君子先慎乎德，有德此有人，有人此有土，有土此有财，有财此有用。德者，本也；财者，末也。"有道的人能够被越来越多的人信任，人们会愿意把自己所拥有的资源提供出来，对资源加以整合利用则能创造财富。"是故财聚则民散，财散则民聚。"如果学道不足，则容易在财富聚集之后升起贪心和吝心，反而很快就会失去所有的财富。而有道的人，则正好相反。其实，真正的人与财的关系，就是人与道的关系。

老实厚道　吃亏是福

父母担心孩子如果一味"谋道"则不能"谋生"，认为道义与利益是对立冲突的，这是对传统文化的片面理解。日常生活中我们经常会听见"太老实了，容易吃亏"之类的论调。其实真正老实厚道的人，即使表面上一时吃了亏，实际上也是不亏的。一方面，吃一堑，长一智，得到的经验教训可以更好地指引以后的人生，智慧也是从吃亏中来。另一方面，真正属于老实人的福气是亏不掉的。中国传统文化讲五福：长寿、富贵、康宁、好德、善终。别人亏欠老实人的，天道会补偿回来。

俗话讲:"聪明人吃老实人,老实人吃老天爷,老天爷吃聪明人。"

如果一个人的厚德渐渐趋向"至道"的圆满,能够为全社会、全人类创造价值,必定会有相应的正向价值反馈,这是道之规律。《中庸》言:"故大德,必得其位,必得其禄,必得其名,必得其寿。"

真正的地位是别人给的;真正的荣誉是大众评的;真正的财富,是给子孙留下让他们安身立命的道德资粮;真正的寿命,是后人世世代代的缅怀与尊重。《了凡四训》说:"世间享千金之产者,定是千金人物;享百金之产者,定是百金人物;应饿死者,定是饿死人物。天不过因材而笃,几曾加纤毫意思。"

义以为质　义利相和

如果一个人有情有义,就不能要求金钱这样"低俗"的东西吗?这样的想法,让一个有着"谋道"理想的传统读书人,无法合理地要求自己劳动的报酬,在利益面前也羞于争取自己应得的权益,也是父母担心孩子学道学"傻"的原因。其实金钱并非高贵,也不低俗,关键看是谁在使用、如何使用。

如果孔子反对金钱,他就不会说"富而可求也,虽执鞭之士,吾亦为之。如不可求,从吾所好"。清人张潮说:"值太平盛世,生湖山郡,官长廉净,家道优裕,娶妇贤淑,生子聪慧。人生如此,可云全福。"这是人心对生活的一种美好展望,是每个人心之所向,是可以追求的。孔子只是说,"如不可求,从吾所好"。如果不能得到富贵,也不必执着于此。

孔子是中正之人,不会教条地非此即彼、"利"即非"义"。儒家认为,对于"义"与"利",必须把"义"放在第一位,而不是说,有"义"便不可以有"利"。《论语·里仁篇》中言:"富与贵,是人之所欲也,不以其道得之,不处也。贫与贱,是人之所恶也,不以其道得之,不去也。

君子去仁,恶乎成名? 君子无终食之间违仁,造次必于是,颠沛必于是。"他强调的是, 一个君子无论贫富贵贱, 应当"无终食之间违仁", 在危急存亡之际应当如此, 在颠沛流离之际亦当如此。

是故学，然后知不足；教，然后知困。

2.4 人能主动发现自己的不足吗?

以道御术　文行忠信

学以"道"为先, 即要注重思想品德的修养, 同时也要学"术"。君子的"学"和我们现代人的"学"很不同, 就是因为学习的目标是不一样的, 他们重"道", 以道御术, 而我们只重"术"。他们不仅关注有形的"术"之学以练技艺, 更关注无形的"道"之学以顺天理。以道来御术, 技艺才会真正地为自己、为他人、为社会、为人类创造有益的价值。当"道力"远远赶不上"技术"的发达时, 人类就像脱缰的野马, 随时可能冲下悬崖。

真正的"学", 是外在的, 也是内在的; 是知识的, 也是心性的; 它关于有形之术, 也关于无形之道。知识可以从外在获得, 但心性的提升必须于内在进行, 是他人无法给予的。孔子说的"下学而上达", 即是在说, 通过有形之学, 通达无形之道来全方位提升人的生命能量。

孔子的教学,有"文、行、忠、信"四个方面。其中,"文"是理论学修, 即用"论"来明理修身;"行"是日常践行,需要以"伦"实践入世;而"忠、信"则是修心所至的德行,内以忠,外以信,无所不包,经"纶"天下。也就是说, 古人之"学"的含义应包含:理上明、心上悟、事上行。

以道为导　重塑三观

理上明与事上行对现代人来说不算陌生，但"心上悟"是决定是否向"道"的关键，也是中华文化的精髓所在。德是道之外显，越觉悟的人越合道，越显德。

人心本来都合于道，光明与智慧是无限的，但为何人的德行有高低不同呢？只因心性之光被乌云覆盖。有的人被乌云遮蔽得少些，有的人则乌云密布。所以，不同的人合道显德的程度就不同。这些乌云是什么？是错误的见解和习性。用更通俗的话说，就是不正的三观和不良的行为习惯。如果要去除乌云，就得重塑三观，改正行为习惯。

"学，然后知不足"，即一个人不去学道的时候，是不知道自己的不足的，我们都需要这样的参考坐标来反观自己的言行。如果没有正确的三观与行为习惯作对比和指引，就不知道自己可能是错误的。如果一个人的根本方向是无明的、错误的，越努力就错得越多，就会南辕北辙。

学即是觉　自扫心地

一般说来，人总是看别人的缺点看得很清楚，而不太能认识到自己的缺点。虽然人生活在"道"中，但时常会离"经"叛"道"。这时候如果没有圣贤与经典作为坐标，没有"发虑宪"的师长点拨甚至训诫，一个人很难主动走上自我反省之路。而一旦开始往内反省了，即是认识到自己的不足了。

汉代班固在《白虎通·辟雍》里写道："学之为言，觉也，悟所不知也。"学是生命之学，学的目的是人生的觉悟，觉前日的不足、觉来日的长进、觉心上的明净。觉悟之学重在做减法，而非做加法。"子绝四：

毋意，毋必，毋固，毋我"，这就是孔子打扫心地的过程。由妄念之动（意）、分别之心（必），到固执之守（固）、小我之私（我），孔子将它们一一去除，这就是去除心性上乌云的过程。

在日常生活中打扫心地，我们可以从减少贪婪、怨恨、傲慢等较为容易下手的地方做起。我们并不需刻意谦虚，当去除傲慢的乌云时，谦虚的光明自然就透射过来；我们也不需刻意柔和，当去除怨恨对立的乌云时，柔和的光明也就自然透射过来……当我们不再做加法去刻意建立什么德行，只做减法去除障碍时，德性之光便自然显现。

2.5　教的路上遇到困境怎么办？

学而后教　教即修道

学而后"教"，"教"不一定是当老师，也不一定是传本领，而是在每个人的生活中自发地进行着示范，只是人往往察觉不到而已。作为家长，一言一行都是在给孩子做示范；作为领导，无论怎样的价值观都在直接影响着下属；作为官员，自己的言行举止无时无刻不在影响着社会风气，这些都是在施"教"。

当孩子厌学时，当员工离职率升高时，当民风不再淳朴时，除了其自身因素外，我们更应该反躬自省：自己的"教"错在哪里？是什么样的"教"导致了今天的困境？事出不会无因，当"教"面临困境时，问题往往更多地在于"教者"本身觉悟水平不够，离"道"的距离较远。

学是让自己觉悟，教则是让他人觉悟。即使学的过程中觉得自己已经长进了，但再去影响别人的时候发现仍然可能会遇到困难。"教"意味着我们在和外界的事物产生交集，在社会的各种矛盾中穿梭。《中庸》云："天命之谓性，率性之谓道，修道之谓教。"而"教"别人的过程也是自己"修道"的过程。人的第一学生是自己，把自己修好了，不用特地教，别人也会跟着学，这才是真正的"教"，也是真正的影响力。

世事检验　困而后学

生活是检验"学"之成效的道场。所谓世事，不外五伦。以"论"明理修身，以"伦"实践入世。在儒家看来，修身之学亦即实践之学。在"伦（五伦关系）"中遇到障碍，需要反躬自省自觉，往内检视是否真正吃透了圣贤之"论"。事上不通，原因在于理上不明；理上不明，根本在于心上不悟。

《论语》开篇即"学而时习之，不亦说乎"。"习"既是在实践中修正，也是在"教"中提升，无论"学"或"习"，都会让人感到内心的喜悦、人格的升华，所以能达"不亦说乎"之境。古有"半部论语治天下"之说，实际上，一个人能够"论""伦"不二、"知""行"合一后，一知便是全知，一觉便是通觉。

《学记》谈论的是教育，但名称却叫"学记"不叫"教记"，这其实是在告诉我们：自身之"学"比"教"更重要。《列子》中楚庄王曾问詹何"如何治理国家"，詹何回答："臣未尝闻身治而国乱者也，又未尝闻身乱而国治者也。故本在身，不敢对以末。"意思即君王自己若能正心、修身，国怎么会难治呢？治国之本在于正己。子曰："其身正，不令而行；其身不正，虽令不从。"治国之理与齐家之理、教育之理都是相通的，其根本都在于长者的修身水平。"念终始典于学"，圣贤教育之关键在"学"。

知不足，然后能自反也；

2.6　为什么可以用"论"来作为明理修身的参考坐标？

由经成典　依宗起教

前文说，人很难主动发现自己的问题，但在向道而学的过程中，有了"道"作为指引，我们才会发现自己的不足。《旧唐书·魏征传》记载唐太宗李世民评价大臣魏征："夫以铜为镜，可以正衣冠；以史为镜，可以知兴替；以人为镜，可以明得失。朕常保此三镜，以防己过。"能够代表"道"之所在的自然、经典、圣贤便是众人的镜子，人有这样的镜子就有了改过迁善的方向。

刘勰在《文心雕龙》中指出：明天、地、人常理的书叫"经"。所谓"经"就是既永恒不变又至高无上的道理、不可磨灭的训导。所谓"经典"，就是承载这种道理和训导的各种典籍。有了对这天地间"不变之宗"的把握，人便可以依宗起教、演教弘宗。经之成于典、宗之演为教，就是人们用来明理修身的"论"。荀子在《劝学》中写道："故木受绳则直，金就砺则利，君子博学而日参省乎己，则知明而行无过矣。"即是用"论"校正和修养自己。

行有余力　则以学文

有人会问：现在是国际化时代了，社会环境的各个方面都发生了很大的变化，这些"论"对现代教育还有指导意义吗？

"学以成人"是教育的根本内涵。二〇一八年，第二十四届世界哲学大会在北京召开，来自全球的八千多位哲学家参加了会议讨论，会议主题就是"学以成人"。这说明"学以成人"这一宗旨，它是传统的，也是现代的；是中国的，也是世界的。

"子曰：'弟子入则孝，出则弟，谨而信，泛爱众，而亲仁。行有余力，则以学文。'"这里孔子讲了为学的次第：先要学习孝悌之道；再学习为人处世之方法，慎重恭敬，有信用；要想能够广泛地爱其他人，还要入乡随俗、随方就圆，历事炼心，不断提升内在仁德之心；在此基础上，精勤地学习各种知识技能，以增长助世的能力。

全面发展　学以致用

虽然现代知识技能的内容已经很丰富了，但以"亲仁"为本的教育核心与次第并没有变化。而且，所学知识技能的目的，是促进一个人的全面发展。一个人不可能掌握和擅长所有知识技能，《庄子·内篇》写道："吾生也有涯，而知也无涯。以有涯随无涯，殆已！"用有限的人生去追求无尽的知识是不可能的，而更重要的是"学以致用"。

兴趣是孩子学习路上最好的老师，如果知识内容过多而伤害到学习兴趣，父母和老师需要觉察和调整，保护好他们的学习兴趣，这是最关键的。从这个角度说，学校的班主任作为统筹班级整体发展的带头人，最重要的任务是研究怎么让孩子主动喜欢学习。

知识的学习并非最终目的。孩子们在学校和生活中广泛学习一些知识技能，不仅仅是为了掌握这些知识技能，更重要的是借用它们拓展思维，扩大眼界，增进学习能力，看到事物之间的联系，懂得如何调用不同的知识来实现人生的价值。

知困，然后能自强也。

2.7　人"伦"纲常在现代是迂腐过时的吗？

伦即关系　伦中行教

"伦"到底是什么？"西风东渐"影响中国一个世纪后，我们现在追求的是自由、民主、解放、平等……再提到人伦纲常是不是已经过时了呢？"伦"和"常"是两个不同的概念，"伦"即"人伦"，是人与人的关系，是本位，是责任。如果有人反问："只要让孩子搞好关系，人生就顺利了？"这便是断章取义了。《论语》曰："古之学者为己，今之学者为人。"网络上有很多人抓到某一个点就开始口水战，这也反映了我们教育中出现的问题。世智辩聪是人生第一大难，为了辩倒他人而学习，还是为了思考人生而学习，决定了孩子和我们自己是仅仅聪明还是富有智慧。

"学"是吸收的、内化的；"教"是给予的、外放的。它们本就是一个循环，只是内在作用于己，外在作用于人，呈现出不同的效果。《学记》反复强调，不能把"教"仅仅局限于传授知识，真正的"教"是"正己"以"化人"，做好父母是教，做好老师是教，做好官员是教，做好领导同样是教，都是以不同的方式在施行教化。

"知困，然后能自强也"，是说，"教"中遇困，需要反过来提升自己。"天行健，君子以自强不息"，"地势坤，君子以厚德载物"的内涵，是扩大自己的心量，念念无私，在不同的人事际遇中学习大地的广博，仁民爱物，和光同尘。

伦无国别　贯通古今

　　学与教的过程都是在人与人之间的关系中体现的，古人把这些关系总结为"五伦"。在舜的时代，他发现社会物质文明有了一定基础，但人民缺少道德教化，他的文教大臣契提出来，要给人民讲清楚一个道理：父子有亲，夫妇有别，长幼有序，君臣有义，朋友有信。孔子之后，孔门心法的传承者子思在《中庸》里作了精辟的总结："天下之达道五，所以行之者三。曰：君臣也，父子也，夫妇也，昆弟也，朋友之交也，五者，天下之达道也。"

　　五伦不是只有在古代才行得通，而是超越时间的；也不是在中国才有用，而是放之四海而皆准的。马克思说："人是其一切社会关系的总和。"人是群居性的、社会性的，在任何一个由人构成的组织中，都会自觉或不自觉地形成人与人之间的基本关系，这些关系必然包括亲子关系、长幼关系、夫妻关系、上下级关系和朋友关系。

　　东汉许慎在《说文解字》中讲："人，天地之性最贵者也。""按禽兽、草木皆天地所生，而不得为天地之心。唯人为天地之心，故天地之生，此为极贵。天地之心谓之人，能与天地合德。"人的尊贵性，体现在他于各种关系中实现"与天地合德"，五伦和谐，社会有序。

人为最贵　伦常人和

　　"父子有亲"：表明亲子之间的关系应该以"亲"为主。父母除了适时教管孩子，更多地是要示范、引导、疼爱、信任孩子，"上慈"自然"下孝"。

　　《论语》有云："不学礼，无以立。"即在阐明"长幼有序"的重要性。孩子在家中懂得尊敬老人、兄友弟恭，能够遵守在家中的长幼礼序，走向学校和社会后，就不会自我骄纵、目中无人。

"夫妇有别"：男为阳，女为阴，阴阳需要互相平衡。人体内的阴阳处在动态和谐、中正稳定时，身心才会健康。夫妻之间如果阴阳不合或者失衡，造成家庭关系不和谐，甚至会影响孩子的身体、性格、心理和精神的发展。

"君臣有义"：在现代社会可以理解为上下级关系。企业和各种组织的运作，离不开每个个体对自身和团体价值的认同。《大学》有云："国不以利为利，以义为利也。"当一个企业或组织符合道义地从事经营行为，其中的个体必然在潜移默化中以义相待，则不论人事来去，都可以促进个人和组织成长。

"朋友有信"：子曰："人而无信，不知其可也。大车无輗，小车无軏，其何以行之哉？"人说出的话本来就应该是真实的、值得信赖的。如果人们说的话变得不可信赖，嘴上说一套、做起来另一套，人际关系就失去安全感和方向感，就像大车、小车缺乏关键部位套不住牲口一样，整个社会该依赖什么来继续前行呢？

故曰：教学相长也。《兑命》曰："敩学半。"其此之谓乎！

2.8　为什么教与学有"经纶天下"之功？

教学相长　言传身教

"教"和"学"互为因果、互相促进、互为一体、不可分割，此谓"教学相长"。自己学好了才能教好，教好了，就印证自己学好了。教师真正的成就在学生中，医生真正的成就在病人中，官员真正的成就在百姓中，企业家真正的成就在员工下属以及合作伙伴中……所有这些，都是对"教学相长"最好的诠释。

有的家长看似毫不费力，却能把孩子养得很优秀，智商高，情商高，心中也阳光满满；而有的家长费尽了心血，耗费了人力物力财力，不仅孩子的学习上不去，亲子关系也很紧张，家庭处于危机爆发的边缘。这通常是家长"学"得不够，觉悟得不够，"道"力不够，所以不足以滋养化育孩子，反而还可能起到反作用。前一类家长，他们往往觉得自己没有刻意做过什么，孩子的优秀属于他们自己。但其实，这种不刻意体现了家长对孩子的平等与尊重，孩子的自由空间足够，不被越界干涉，心态往往就健康平和。不仅如此，这些家长往往自身就相当优秀，德行境界也高于常人，他们在日常生活中的点滴言行，对孩子有耳濡目染的化育之效。

家长是否能轻松养出好孩子，其根本在于，他们是否把功夫都用在了自我修身上、自我正能量的提升上。真正做到后，对孩子的生命起到深层的影响，这非单纯的"言教"所能达到的，正如《体论》中言："太上养化，使民日迁善而不知其所以然，此治之上也。"

教学合一　经纶天下

《兑命》曰："敩学半。"这里的"半"不是"一半"的意思，而是"互为作用、相辅相成"。《学记》倡导为人师长者，将"教"和"学"有机结合，师长在"学"中发现不足时，通过反躬自省来提升自己，离"道"更进一步，同时也就提升了"教"的能力；同样，在"教"中遇困时，也通过修身反过来提升"学"的效果。教与学互相促进，互相完善，互相成就。

《大学》言"君子有絜矩之道"："所恶于上，毋以使下；所恶于下，毋以事上；所恶于前，毋以先后；所恶于后，毋以从前；所恶于右，毋以交于左；所恶于左，毋以交于右。"人都有双重身份：既是师长，也是学生；既是上级，也是下级；既是祖先，也是后人；既是长辈，也是晚辈。如果不喜欢或讨厌上级对待自己的方式，就不要用这种方式去对待下级；如果不喜欢或讨厌下级对待自己的方式，就不要用这种方式去对待上级；如果不喜欢前面的人对待自己的做法，就不要用这种做法去对待后面的人；如果不喜欢后面的人对待自己的做法，就不要用这种做法去对待前面的人；如果不喜欢右边的人的行为，就不要用同样的行为去对待左边的人；如果不喜欢左边的人的行为，就不要用这样的行为去对待右边的人。

"纶"本义是"丝线"，牵一纶则动全身。每个人都生活在"道"中，人们日用间微小的语默动静，其实都是在经纶天下大网之中，其大无外，其小无内，只是"百姓日用而不知"。学与教的整个过程既关乎个人生命的道德素养，也牵涉人类社会的整体幸福，既是修身成己的功夫，也是文明传承的路径。古人深谙其理，因此对教学极为重视，所谓"建国君民，教学为先"。

第三章　教学建制

【本章略启】

　　本章直指教学实操领域，对古代教育机构的设置、不同时期对学生培养和考察的重点，以及学有"小成"和"大成"之间的区别等，都做了精炼的概括。尤其对于"大学之道"的境界，以及通往成功道路上所需要的积累和耐心等，皆有表述。对"大学之道"的传承，重在践行。需要更多具有君子之品格、君子之风范、君子之行持的士君子来引领社会、化民易俗。

【原 文】

古之教者，家有塾，党有庠，术（遂）有序，国有学。比年入学，中年考校。一年视离经辨志，三年视敬业乐群，五年视博习亲师，七年视论学取友，谓之小成。九年知类通达，强立而不反，谓之大成。夫然后足以化民易俗，近者说服而远者怀之，此大学之道也。《记》曰："蛾子时术之。"其此之谓乎！

【时牧解】

古之教者，家有塾，党有庠，术（遂）有序，国有学。比年入学，中年考校。一年视离经辨志，三年视敬业乐群，五年视博习亲师，七年视论学取友，谓之小成。

3.1 古时的教育机构与育人理念是什么样的？

递进教学　层次分明

"家、党、术、国"从小到大排列。依周制，二十五家谓"家"，设置"塾"，也就是"私塾"，类似现代的小学；五百家谓"党"，设置"庠"，类似现代的初中；一万二千五百家谓"术"，设置"序"，类似现代的高中；天子的王城和诸侯的国谓"国"，设置"学"，类似现代的"大学"。

以"私塾"为例，它是中国古代社会一种开设于家庭、宗族或乡村内部的民间幼小教育机构，往往由私人承办。通常来讲，邀请当地有德行的先生为私塾教师，初步培养孩子的洒扫、应对、进退等礼节，在先秦时期以"礼乐射御书数"六艺等为基础，让学生们从小就亲近自然，懂得规矩，逐步体悟"爱亲敬长、尊师取友"的道理。先生与学生一般会相伴多年，私塾先生和孩子们之间的关系犹如父子。

私塾毕业后，选拔优秀的学子送入"庠"内；再从每一个"庠"中选出优秀的学子送入"序"中；进而选拔出有慧根、有才情、有悟性、有能力的学生们进入"大学"。整个教育层次分明，德才兼修，以德为先。学生们就是通过这样的系统学习，既有理论，又有实践，逐渐被培养成社会的有用之才。

为人之道　为学之方

"比年入学，中年考校"是大学每年入学、间隔一年考查一次的意思。考试考什么？在第一、三、五、七年的时候考查学生的综合情况，主要两条考查线：一者是"学业"的成长线，学"为学之方"，即"离经、敬业、博习、论学"；二者是"心性"的成熟线，学"为人之道"，即"辨志、乐群、亲师、取友"。

《大戴礼记·保傅》记载："古者年八岁而出就外舍，学小艺焉，履小节焉；束发而就大学，学大艺焉，履大节焉。"朱熹在《大学章句序》中说，小学教育重在行为规范的养成，后再接受大学教育，大学之教重在穷理正心、修己治人之道。与国外不同的是，国外学校是以传授知识为主，道德则由宗教负责，社会承担美育的责任。我国教育则自古以来将知识教育与道德教育合二为一、不可分割。《学记》紧密交错的两条线就说明了这一点。

我国著名哲学家蒙培元先生在谈到中国的书院文化时写道："书院不分科系，是一种通才教育，但以人文教育为根本理念。所谓人文教育，就是使人成为人，进而言之，是使人成为君子、贤人并以圣人为最高目的。说到底，是一种德性教育，即不是以获取具体知识为目的，而是以提高德性、实现理想人格为目的，以修身养性的实践教育为根本途径，其方法则自由灵活而又多样，如读书、问答、讲论、辩论等等都是主要方法，最后则归结为实践。"

3.2 古人如何理解幼儿时期的教育？

"识"为根器　重视母教

《学记》里并没有提到幼儿时期的教育，随着时代的发展，现代社会已经从幼儿时期开始展开各种教育内容。如果"心性发展"和"学业发展"是人一生受教育的两条主线，那么在幼儿时期如何体现呢？

自古以来，圣贤之教一直是中华民族教育的核心，是智慧的源泉，也是人格养成的关键。父母希望孩子"品学兼优""德才兼备"，这几个字中蕴含着父母的深深期待，即把孩子的"品"与"德"放在更重要的位置。宋庆龄先生曾说："孩子们的性格和才能，归根结底是受到家庭、父母，特别是母亲的影响最深。孩子长大成人以后，社会成了锻炼他们的环境。学校对年轻人的发展也起着重要的作用。但是，在一个人的身上留下不可磨灭的印记的却是家庭。"

在孩子进入小学教育以前，父母是离孩子最近的人，也是相处时间最长的人。父母的一言一行、一点一滴全部会进入孩童的潜意识，这个潜意识就是孩子今后人生的脚本。周文王的母亲太任是历史上有记载的最早重视"识"的女性。相传她性情慈爱祥和，怀孕时"目不视恶色，耳不听淫声，口不出傲言，能以胎教"，《诗经·大雅》赞她有大德："乃及王季，维德之行。太任有身，生此文王。""文王生而明圣，太任教之，以一而识百，卒为周宗。"由于文王生而聪慧，学习能以一知百，后人渐渐重视胎儿时期母亲的"眼耳鼻舌身意"六识，并称太任为中国胎教第一人。

格物致知　命由心造

中国传统教育的一个重要概念是"识"。一个人对情景的认知，即他的意识，决定了他的心量、格局与思维。《大学》有言："古之欲明明德于天下者，先治其国；欲治其国者，先齐其家；欲齐其家者，先修其身；欲修其身者，先正其心；欲正其心者，先诚其意；欲诚其意者，先致其知；致知在格物。"所谓"致知在格物"，即内在的"识"与外在的"物"产生交集时，人产生的那一个"念"，既是认知发生的源头，也是认知转化的契机。

觉察到这一念，加以转化——觉念而后不迷，正念而后不邪，净念而后不染，时时诚意正心，恢复自性光明。心地越光明，命运越吉祥。《了凡四训》有云："大都吉凶之兆，萌乎心而动乎四体，其过于厚者常获福，过于薄者常近祸。俗眼多翳，谓有未定而不可测者。"由于每个人内在的"识"不同，对外界"格物"时，升起的念头就不同，产生的认知和对"物"的理解就不同，随之而来的反应和行动也就不同，所谓"萌乎心而动乎四体"。

道行高深之人，往往能从某个人日常的言行中就能看出他今后的命运走向。大道公平之处在于，每个人都是自己"（德）厚者常获福，（德）薄者常近祸"的命运主宰。《菜根谭》亦言："立百福之基，只在一念慈祥；开万善之门，无如寸心把损。"

进入小学以前，家庭内父母长辈的一言一行都是孩子眼中的受摄对象，父母的诚意、正心、柔辞、善行，都会成为孩子"识"的主要形成部分。他将根据这样的"识"与周围的世界发生交集，画出他自己的人生地图。于是我们看到，其实每个人都生活在同一个物质世界，可每个人生活的世界又是如此不同。

孝悌为本　亲近自然

幼儿时期仍然以"心性发展"为主线，这是传统教育的共识，除了以上提到的"识"对于幼儿的重要性，"伦（关系）"也是非常关键的。内在的养"识"与外在的行"伦"互为交错、互相影响。

《礼记·文王世子》开篇即叙述文王还是世子时的家庭教养方式，文中讲到作为儿子对父亲王季的孝道："文王之为世子，朝于王季，日三。鸡初鸣而衣服，至于寝门外，问内竖之御者曰：'今日安否何如？'内竖曰：'安。'文王乃喜。及日中，又至，亦如之。及莫，又至，亦如之。其有不安节，则内竖以告文王，文王色忧，行不能正履。王季复膳，然后亦复初。食上，必在，视寒暖之节；食下，问所膳，命膳宰曰：'末有原！'应曰：'诺。'然后退。武王帅而行之，不敢有加焉。文王有疾，武王不脱冠带而养。文王一饭，亦一饭；文王再饭，亦再饭。旬有二日乃间。"

《论语·学而篇》言："君子务本，本立而道生。孝悌也者，其为仁之本与！"孝悌是为仁之本，礼是仁之用，代代教"孝悌为本"，人类社会才不违道。文王为世子时，对父亲尽以孝道，侍以孝礼，涵养自己的仁之本怀。待到武王为世子时，他也效法文王的言行，对文王用心尽孝。汉代曾以"举孝廉"来选拔官员，所谓"君君、臣臣、父父、子子"，在家庭之内能尽孝，在社会上则可尽忠，迩之事父，远之事君。

除了"父子有亲"的孝道，五伦中的其他关系，乃至与自然万物的关系都是培养孩子性情、涵养心性的土壤。《礼记》载："曾子曰：'树木以时伐焉，禽兽以时杀焉。'夫子曰：'断一树，杀一兽，不以其时，非孝也。'"可见古人重视人对周围一切人、事、物的仁爱之情、惜福之德。

用言传身教呵护孩子的"识"念，引导孩子懂得关系中的礼序，培养孩子与大自然友善和谐相处的能力，这应当是幼儿时期育儿的主要内容，为以后的教育过程打下坚实的基础，这也是教育一以贯之的宗旨。

一年视离经辨志，

3.3 古人入大学后，"学业成长"考试考什么？

因时施教　循序渐进

古代的大学入学没有严格的年龄限制，年年招生，隔年考试。入学第一年，主要关注学生们能否明察句读、通晓经义、辨别主旨，进而立志读书。从"学业"的角度来看，"离经、敬业、博习、论学"是一条发展线。"离经"是能辨明句读，古文没有标点符号，要能从连贯的篇章中断句、断意，需要一定的基础水平，这是基本功。

基本功扎实后，就需要在学业的深度和广度上不断扩展，目标是达到"博学于文"。但三年的时间，还不足以"博学于文"，所以在入学三年时，先要看看学生们是不是有足够正确的学习态度，能不能"敬业"，只要方向明确，态度端正，就不怕不达目标。第五年，考查学生的"博习"，也就是"博学于文"的程度。第七年，考查"论学"。当能"论学"，说明已能将所学做思考与应用，把所学之文转化为自己的真实积累，能举一反三、融会贯通，即所学的理论成为自己的真实之学。

由此"学业发展线"可以看出，学业的成长是有规律的。首先，基本功要牢，也就是地基要打好（离经）；其次，学习的心态要摆正，否则学业的高楼不坚固（敬业）；然后，能博学于文，采各家之长，将必备的"材料"全部准备完善（博习）；最后，凭借多年积累的知识与能力，通过融会贯通、思考应用，打造出自己的学识大厦（论学）。当然，文章中把每次的考核项目说得很简洁，我们不能说古代考试就是很机械地第一年仅考"离经"、第三年仅考"敬业"，如此等等。"离经、敬业、博习、论学"八个字是一个概括性的方向和次第，说明不同时期的考查重点是不同的。

立志为基　方谈求学

除了基础文义课的学习，第一年还要考查学生立志的情况。如今我们对孩子的"立志"情况渐渐不那么重视了，实乃错焉，殊不知"立志"是成人第一等要事！所以，古人是把学生的立志当作求学的第一考查要务的，正所谓：幼儿养性，童蒙养正，少年养志，成年养德。

现在很多老师、父母很困惑：怎样才能让孩子树立目标、内心喜悦地去学习呢？孩子总是玩手机，与父母也不亲近，该怎么办呢？《学记》这里已经点出了根本：一年视离经辨志。古人认为，立志比其他因素更重要。"志者，心之所之也。"孩子心里想要到达的地方，他的理想、愿望、志向，就是他求学旅途上的发动机。有了这个发动机，孩子自己会往前跑。如若发动机不点燃，老师和家庭都要推着这辆车往前跑，而这辆车还有逆反心理，拉着手刹不肯放。学校和家庭都倍感辛苦，孩子也很迷茫和痛苦。一个人如果没有志向、没有梦想，将难以成才。相反，一个人只要肯立下长远的志向，把内在的发动机点燃，这一辈子能到达哪里，是不可限量的。

明朝时有个叫王艮的烧盐工，七岁左右读过私塾，但因为家境贫寒辍学了。十九岁时随父亲到山东经商，经过孔庙时进去拜谒。他看到人们对孔子虔诚地跪拜，突然顿悟："孔夫子也是人，我也是人，为什么我不能把学问做到孔夫子那般呢？"从此他发奋苦读，靠着自学克服各种困难，直到三十八岁时拜入阳明先生门下，有了人生中第一个老师，并且成为阳明先生门下最优秀的学生。后来他创立了传承阳明心学的泰州学派，弟子门人传到第五代时有近五百人众，且人才辈出。

立乎其大　修己安人

什么样的梦想和志向，能让孩子内心喜悦地去学习呢？一个人如果只是为自己学习，终有限制，即便长大后如愿以偿进入某个想要的岗位职业：老师、医生、律师、老板……仍然不会感到真正的满足。因为人不仅有动物性和社会性，还有清净本性。只有回归内心本自具足的清净本性，即"仁者天下的种子"，幸福才会真正的开始。只有拥有伟大、美好、无私的志愿与梦想，决定人生价值的事功才得以启动。

如果立下的志向能够感召孩子内在之"仁德"，协助他构建伟大、美好、无私的精神家园，这样的孩子是不会厌倦学习或沉迷于电子产品的。引导孩子多问自己"我可以为这个世界做什么"，他的人生境界就会逐渐不同。这其中最关键的是父母师长的身体力行，因为父母师长的一切言行都是孩子的教材。

据史料记载，孔子的父亲叔梁纥去世后，母亲颜徵在面临重大人生选择：要么留在原地生活，在山野之地抚养孩子；要么带孩子远走他乡。颜徵在选择了去鲁国的国都曲阜。鲁国在周代是周公的封地，在各诸侯国中地位最高，那里可以给孩子最好的教育环境。这也意味着异地谋生的艰难，但颜徵在不仅决定独自抚养孩子，还把与孔子同父异母、身有残疾的孟皮一起带上。孔子后来成了一代圣人，而孟皮的儿子孔忠日后也成为孔子的学生，是孔门七十二贤之一。

为人师长父母，有什么样的愿力，人生规划里涵纳了多少人受益，付出了什么样的行动去帮助这个世界，直接影响到孩子的状态和格局。父母是孩子的老师，但孩子同时也是父母成长的机缘。孩子的到来能够引导父母修正自己、成为更好的人，以此"更好的人"去感动孩子、引导孩子、成就孩子。

三年视敬业乐群，

3.4 大学伊始，"敬业"的重要性在哪里？

上对下爱　下对上敬

古时学生入大学后，第一年考查文法功底和立志情况，隔年考查学生恭敬学业的程度和与师友相处的状态。也就是古人把"恭敬"的态度和"关系"的融洽度视为可以进行下一步深入学习的基础。反观现代，我们对孩子的要求往往是学习好、成绩好，分数线够了就可以升学往上读，至于有没有恭敬学业、能不能尊师睦友等，都不再是关注重心，更不是考核内容。古人却在第二次考查时把"恭敬"和"乐群"作为一项重要的内容，如果这两项考查"不及格"，就不具备继续往下学的资格，这其中意味何在？

古人对上位者，如"天""神""国家""君主"，一般用敬、畏、忠来表达尊仰；对下位者，一般用慈、爱、让来表达仁义。这是相互的关系，如天爱人、人敬天，君爱民、臣事君，兄爱弟、弟敬兄等。上对下为"爱"，下对上为"敬"。爱者，惠也。所以上位者应多施惠于下位者。

一方面，社会有组织架构和责任分工。人在什么位置，就需要完成与此相应的职责。越处在优势地位的人，对其他人的责任就越大。另一方面，社会虽有分工，但没有谁的位置更高贵，每个人都是劳动者。人们各行其位，彼此爱敬，社会才能和谐有序地运行。真正的爱敬是没有条件的，是人主动放低自我，内心升起对世间一切人事物的恭敬。它代表的是自己的修养，与他人无关。

谦德之效　学业之宝

人只有主动放低自我，升起恭敬心，才有受教的可能性。就像一个杯子如果已经装满了水，就没办法再装新的水。时时清零，时时空杯，才可以装进各种不同而丰富的内容。知识多了容易滋长傲慢，古人对此看得很清楚。《了凡四训》这本明代著名的家训，将"谦德之效"作为子孙后代需要常记长保的品质，这其中不无深意。

孩子在学校里如果不能恭敬学业，不尊重知识和真理，他就不会乐学，甚至会失去学习的兴趣；如果把知识作为驳倒他人、轻视他人、攀比他人、获得赞美、获得荣誉的手段，不是为了知识和真理本身而学习，不是为了完善自己的人格而学习，那么学习对于人生的重要意义就流于轻薄了。墨子说："古之学者，得一善言附于其身；今之学者，得一善言务以悦人。"

3.5　为什么要"乐群"？

明辨是非　依仁行礼

除了恭敬学业，为什么还要考查孩子与其他人相处的关系呢？古人是怎么看待求学中"乐群"这一点的呢？我们可以由圣贤之典范来检视其中的义理。

《中庸》里讲："中也者，天下之大本也；和也者，天下之达道也。"一个人"和"到了极致，便印合了天地之道。天地，含纳了草木丛林、江海河山等一切；圣人亦如此，以无限广大之心和光同尘。圣人能与一切和谐相处，能妥善处理好各种关系，是"乐群"的极致体现。所以，圣人不仅能善用君子，同样也能善用小人，使得各种人都能发挥最大的正向价值，用现在的话说，就是情商极高，影响力极大。

即便做不到如圣人般广大高明，也要力求成为君子，和而不同，周而不比。也许有人会问，爱憎分明的对立不是很好吗？人要明辨善恶呀！明辨是非、扬善避恶确实是很好，但这并不代表在心上要树立爱憎的对立。君子不会有强烈的对立心。智者以平和之心来超越是非，再以智慧的心来明辨是非。

中正平和　团结友爱

平等和融的心，才能回归于本仁，才有智慧辨明其中的是非曲直。而对立无和的心，往往已经被强烈的固执我见所蒙蔽，失去了内心的清明。孔子曾经表明了这一点："唯仁者能好人，能恶人。"清代学者刘宝楠在《论语正义》中解道："凡人用情，多由己爱憎之私，于人之善、不善有所不计，故不能好人、恶人也。"人多以自己的认知好恶来判断外界事物，只有心上中正平和、挫锐解纷的仁者，才有明辨是非、超越是非、调御是非的智慧和能力。

每个人都生活在各种关系中，不可能随心所欲，自己的自由应当以别人的自由为边界。比如同学之间共有一个学习环境，即便有个人感情上的喜好厌恶，仍然可以在一起学习，尊重对方的习惯，保持基本的人对人的礼敬，要知道这也是对方拥有的空间与权利。

现在有很多孩子厌学弃学，除了因为学习任务跟不上而导致的厌学，还有心性的因素。有的孩子是因为不喜欢某个老师，有的孩子是因为同学关系处理不好，有的孩子是因为感觉在班级不受欢迎，等等。如果就此选择消极逃避，孩子的心性就没办法在真实的人际互动中得到锻炼和成长。不合群的根本原因在于心量不够开阔，要么不能接纳别人，要么不能接受自己"不被接纳"。

和而不流　不知不愠

《道德经》言："善者，吾善之；不善者，吾亦善之，德善。"对我友善的人，我善待于他；对我不友善的人，我也善待于他，久而久之便收获友善。即便不求他人之友善，这个过程也是在完满自己的德行。"和"并不是当老好人没有原则，也不是随波逐流没有主见，而是"和而不流""中立而不倚"。

自己"不被接纳"，有可能是别人的问题，也有可能是自己的问题。但对此斤斤计较则是心量太小，因为这一点而对其他人升起排斥攻击的心，落入对立的境地而失去心上之"和"，在内扰乱了自身的安宁与心性的成长，在外也没有人际交往的快乐。孔子说："人不知而不愠，不亦君子乎？"

凡高尚之物，如圣贤之心、经典之理，总有默默感化和提升境界的作用。父母师长如果能经常用经典言传身教于孩子，"乐群"就是自然而然了，而非教条刻板要求的结果。古人把这一项当作检查学习效果的考核标准，是有其深刻考量的。"乐群"在于与师友之和、与家人之和、与自己之和、与万物之和。"乐群"的学生生活是快乐的，心态是健康的。后文中说到的"和易以思"，便是说，心上能"和"的学生，更容易发挥自己的聪明才智去思考，也能学得更优秀。

五年视博习亲师，

3.6　为什么要"博习亲师"？

博习亲师　身心同修

大学之教到第五年的时候，考查的是学生是否博学于文和亲近于

"师"。博学是为了培养格局宏大的人，即使以后深入研究某个特定专业，也应当以求博为先。朱熹言："器者，各适其用而不能相通。成德之士，体无不具，故用无不周，非特为一材一艺而已。"儒家注重的是身心的全面发展，人全面发展的前提是通大道，而非明小用。君子之学不能只求小知，而要掌握宇宙人生的大智慧。

现代随着经济越来越发达，分工越来越细，学生在学校期间以学业分数为主，到走入社会后成为"一器之用"，各行各业之间的隔膜越来越厚。照此发展，人就走向异化和物化，变成外在事物的工具或奴隶。《易经》有言："古圣为利民制器，只有器为人，绝无人为器。"另外，如果社会培养出来的学生只了解某一门类的知识，则很容易变得狭隘和偏执。原清华大学校长梅贻琦说："社会所需要者，通才为大，而专家次之。以无通才为基础之专家临民，其结果不为新民，而为扰民。"

从某种角度讲，"通才"之人由于思虑广博深远，做事会"以人为本"，方法灵活多变；而"专家"如果没有通识，则多"以物为本"，钉是钉，铆是铆，缺乏全局观和长远发展的眼光。博习不仅可以拓展人的心量和格局，也能使人在全面广泛的学习后了解到社会所需和自身所长，将自身的天赋才华与社会的需要结合起来，以个人价值的实现推动社会的进步，而社会的进步又促进其个人价值的实现。

师不顺路　良知为师

"亲师"，就是对老师有"敬"也有"和"。古人特别讲究亲师取友、尊师重道。孔子在收徒教学时，就很注重学生的恭敬心。在教育对象上，他主张"有教无类"，任何人只要主动行拜师礼，他都乐意施教，而不论其家室出身如何。那么既然"有教无类"，又为何需要一定的礼数？

《礼记·曲礼》云："礼闻来学，不闻往教。"《易经》蒙卦亦云："匪我求童蒙，童蒙求我。"孔子注重的是学生的态度，以一颗真诚恭敬的心主动向师求学，更容易事半功倍。若没有恭敬的态度，没有立志向学的意志，无论圣贤之理，还是专业技能，皆难有所成。俗话说"法不轻传，道不贱卖，师不顺路，医不叩门"。所以，孔子教学也需拜师礼，要"自行束脩以上"，其中自有道理。师道尊严，礼节的背后是真诚的向学之心和对老师的恭敬，这是学好的前提条件。

亲师，除了指亲近外在的老师，更指亲近内在的"本师"——自性良知。有经云："不识本心，学法无益。"换句话说，外在学一切法，都是为了恢复内在的光明自性。《道德经》云："为学日益，为道日损。"知识一年一年越学越多，但心要常清常静。所谓"毋意，毋必，毋固，毋我"，即去掉主观臆断，去掉绝对偏执，去掉拘泥固执，去掉自以为是。"亲师"也是亲近自然，天人感应。《礼记》云："天无私覆，地无私载，日月无私照。"天地日月及世间万事万物，无不是师，无不值得亲近。

七年视论学取友，谓之小成。

3.7 为什么要"论学取友"？

四海为朋 尊贤取友

到第七年的时候，考查学生们是否能够解经论道、自成观点，是否长袖善舞、广结友朋。能够将过去数年所学旁征博引、触类旁通、温故知新等，但为什么"交朋友"也成为毕业的要求呢？

古人对朋和友有不同的理解。四海为朋，尊贤取友；同门为朋，同志为友（志同道合）。纳朋是境界，因为心中有慈爱，所以不怨天不尤人，在外广结善缘，"有朋自远方来，不亦乐乎？"取友是智慧，能交到好的朋友，对自己的人生是很大的促进。"蓬生麻中，不扶而直；白沙在涅，与之俱黑"，与善友同行能提升人生，与损友同行便与之俱坠。

然而，即使我们希望有贤友相助，但若不具备好学、向善之心，也不可能交往到善友，这是"物以类聚，人以群分"的规律。所以，与其说是考查如何"取友"，不如说从"取友"来看学生自身的心性发展水平，以这种方式来拉动学生，鼓励他们不断提升自我，结善友同行。"一乡之善士，斯友一乡之善士；一国之善士，斯友一国之善士；天下之善士，斯友天下之善士。"

《学记》后文说："乐其友而信其道，是以虽离师辅而不反也。"毕业并非学习的结束，恰恰是学习的正式开始。从学校走入社会，实际上是从较简单的关系走入了较复杂的关系，善友的提醒、督促、鼓励、帮助对未来的人生路就更重要了。古人将"取友"作为毕业考核项目，其中不乏关切与厚爱。曾子曰："君子以文会友，以友辅仁。"

乐群为先　达后取友

考过"乐群"，再考"取友"，古人这样进阶次第的安排，是否有其巧善之处？

"乐群"考验的是能否与一切和谐相处，包括好的、坏的、善的、不善的，它需要一颗无分别的仁心，一颗全然接纳的平等心。孔子说："三人行，必有我师焉。择其善者而从之，其不善者而改之。"不论善与不善，都可以与之和融，引以为师，照见自己。然而，心上的全然接纳、能与一切和融，并不代表在事实上不加选择地与任何人同行，孔子也说："道不同，不相为谋。"我们还是愿意和同道中人共修共进，这也就是"取友"的含义，它考验的是"心上无分别，事上妙分别"的大智慧。

只有"乐群"的人，具备了无分别的仁慈，才会有妙分别的智慧，择善友同行。仁者以和而不同的心恭敬包容一切，不生爱憎取舍之念，是为"乐群"；再以妙观察的中正智慧明辨是非、知好知恶、择善同行，是为"取友"。心上能和融、能平等，并不妨碍事上有区别、有选择，此两者是并行不悖的。这就是"和而不同"的理念，也是中华优秀传统文化的精髓所在。

如果不能理清这其中的道理，往往会变成二元对立甚至义愤填膺的人，仅凭着冲动去扬善避恶，高捧君子，贬低小人；甚至于在君子、小人都分不清时，被舆论鼓动，被他人利用，做出有勇无谋的举动。中和、中庸的中国人，应是智、仁、勇兼备的达德君子。

九年知类通达，强立而不反，谓之大成。

3.8 "小成"与"大成"的关联在哪里？

学业小成　道业大成

"小成"之人有"立志、乐群、亲师、取友"的能力，用现代的话说，他们学业出众，处世能力强。"大成"相较于"小成"，不仅仅是在学业的深度、广度以及学习能力上有"量"的提升，更在于心性上有"质"的飞跃。这需要长时间的积累与修养。《荀子》云："积土成山，风雨兴焉；积水成渊，蛟龙生焉；积善成德，而神明自得，圣心备焉。"

从学业的角度来看"大成"，学生要达到"知类通达"的程度，他们的知识体系是全面的，学问是融会贯通、畅达无碍的。这就说明，他们既具备了学习的深厚功底，也筑建了广博的学问体系且能将理论应用于实践。这样的人，即使以后遇到未知领域的挑战，也能凭借自己强大的学习能力与已有的学问体系，触类旁通，举一反三，快速掌握新领域所需的知识与技能。

"大成"更指的是心性高度。孔子曾说过："三军可夺帅也，匹夫不可夺志也。"这样的人就是"强立而不反"的。不可夺之志，并不是死守着某些执念不放，也不是抱着某些道德准则，强行恪守着所谓德与善，不知变通，而是回归于初心，达到了真诚、光明的本性后，自然显发不可动摇之志。这样的人格物致知、诚意正心，有广博的格局，有深刻的洞见，有无私的仁爱，也有坚定的意志。

修身入世　念念至诚

如果用一个字来区分"小成"与"大成"，便是"诚"。君子之学是以经纶观天下、悟人事，以论修身，以伦入世。说到底，一个人的"学成"，在于他是否能以内在的真诚平和之心观外在的是非之事，同时经历是非之事而常保内心真诚平和。

"诚者，天之道也"，这是本性自有的清净，印合天地之心，谓之"性"；"诚之者，人之道也"，要做到这一念至诚，需要在人事上修行，谓之"教"。《中庸》云："自诚明，谓之性；自明诚，谓之教。诚则明矣，明则诚矣。"儒学注重人的内心，如果一个人已经可以做到"立志、乐群、亲师、取友"，但如果没有念念至诚，其行为则可能易遭反复。

《论语·宪问篇》里记载原宪问孔子："克、伐、怨、欲不行焉，可以为仁矣？"孔子回答说："可以为难矣，仁则吾不知也。"外在能克制自己、没有过失、符合礼法，但内在是否真诚呢？一个人的行为，如果出于外在利害得失考虑，而不是内心的自然流露，则非诚矣！《中庸》云："诚者，物之终始；不诚，无物。"没有心上的一念清明，外在的礼乐等同于"无物"。这并不是说外在不需要礼乐文明，相反，由贤才来执礼作乐是构建文明社会体系的必须。《道德经》云："失道而后德，失德而后仁，失仁而后义，失义而后礼。"阳明先生也言："无善无恶心之体，有善有恶意之动。"由于世上的每个人都需要靠"意之动"来过日常生活，"恶"性也可能随时出现。"恶"性来时，则需要靠"德""仁""义""礼"来教化。

至诚如神　化成天下

礼乐的教化需要以心性的仁爱为前提。《论语》中多处提到弟子问孔子何为"仁"，孔子每次的回答都不一样。对孔子而言，只有心中升起真正一体同观的仁爱，即将"我"之存在融合于奉献在天地万物之中，才可以称作"至诚"，如此方为"大成"。《中庸》云："至诚之道，可以前知。国家将兴，必有祯祥；国家将亡，必有妖孽。见乎蓍龟，动乎四体。祸福将至，善，必先知之；不善，必先知之。故至诚如神。"《学记》说"九年知类通达"，便是说，大成之人，光于四海，无所不通。

心上的诚要在事上磨炼与成就。《菜根谭》云："士人有百折不回之真心，才有万变不穷之妙用。"世界是矛盾的，矛盾中又有活力。一方面，清净为天下正。唯天下至诚，方能赞天地之化育而与天地参矣，物我同怀，此为万教之"宗"。另一方面，要在矛盾中应世生活而获得真正的幸福安乐，需要尊重差异，以礼乐来调御。"其次致曲。曲能有诚，诚则形，形则著，著则明，明则动，动则变，变则化。唯天下至诚为能化。"于"有为"处用功，通达世间法，君子而时"中"。能依"宗"而行"中"者，谓之大成。

若要达到"大成"中庸之高度，不仅需要通过老师的教授，还要靠个人的觉悟、长时学修、生活阅历、努力程度以及随缘行善等，所以《学记》这里并未说需要通过"视学"来考查此项，"九年"也并非确数。"大成"虽然难至，但它仍作为学习的终极目标而引领着学人前行。

夫然后足以化民易俗，近者说服而远者怀之，此大学之道也。

3.9 走上"大学之道"的人会有怎样的影响力？

内圣外王　近悦远来

《大学》开篇："大学之道，在明明德，在亲民，在止于至善。"走在"大学"之道的人，既能有内在心性的"明明德"，又能有外在入世的"亲民"，还能行"止于至善"的中道。学的目标就是为了成己成物，"诚者，非自成己而已也，所以成物也"。庄子认为，孔子的整个学说，一言以蔽之，内圣外王。外王是内圣的自然显现。即《学记》此处所说，学至大成，"足以化民易俗，近者说服而远者怀之"。用现在的话说，这样的"大人"不仅能圆满自己，还能带领大众共同走向生活幸福、生命圆满的道路。近者受益了，远人也闻风而动，皆来归附。

孔子说："甚矣！吾衰也！久矣！吾不复梦见周公。"周公是孔子最为仰慕的人，他辅佐武王建立周朝，在武王去世以后辅佐武王的儿子成王。摄政七年，待成王长大后，国家政权趋于稳定，便将政权重新交回给成王。正是因为为政以德、制礼作乐、广施仁义、近悦远来，才有了西周前期的兴盛期。

明君仁民　四海来归

《学记》强调的教育方针是要把人们的良知良能展现出来，纠正人们的种种过失。周公提出"以德配天、敬德保民"的重德思想，并制礼作乐，建立了一套具有浓厚人文精神的礼制，确立了周王朝长治久安的路线。王国维先生在《殷周制度论》中写道："周之所以纲纪天下，其旨则在纳上下于道德，而合天子、诸侯、卿、大夫、士、庶民以成一道德之团体。周公制作之本意，实在于此。"孔子盛赞曰："郁郁乎文哉！吾从周。"

周公深知明君对于国家的重要性，在武王还是世子时，重视与武王相伴之人的德才，"入则有保，出则有师，是以教喻而德成也"。重视礼乐对人心的教化，"凡三王教世子必以礼乐。乐，所以修内也；礼，所以修外也。礼乐交错于中，发形于外，是故其成也怿，恭敬而温文"。成王成年后，周公作《多士》《毋逸》，告诫后世子孙，"为人父母，为业至长久，子孙骄奢忘之，以亡其家。为人子，可不慎乎！"

西汉刘向《说苑·武王克殷》记载了周武王询问"殷之士众，奈何处之？"周公曰："使各居其宅，田其田，无变旧新，惟仁是亲。"纣王死后，周武王问群臣应该如何处置殷商的士人和百姓。周公说："让殷人在他们原来的住处安居，耕种原来的土地。不要因为朝代的改变而让他们的生活有所改变，亲近仁爱的人。"武王深表赞许。这样的怀仁政策为周朝赢得了人心，四海来归。

礼贤下士　天下归心

在周公摄政期间，儿子伯禽前往鲁地就封，临行前他告诫伯禽："我文王之子，武王之弟，成王之叔父，我于天下亦不贱矣。然我一沐三捉发，一饭三吐哺，起以待士，尤恐失天下之贤人。子之鲁，慎无以国骄人。"周公说："作为文王子、武王弟、成王叔父，在全天下中我的地位不算低了。但我却洗一次头要三次握起头发，吃一次饭要三次吐出食物，起来接待贤士，这样还怕失掉天下的贤士。你到鲁国去后，千万不要因有国土而骄慢于人。"

周公在明君、选贤、仁民上作出的努力，都是其仁心仁德的外显。

周公去世后，成王发现当年在自己生病之时，周公愿意代为受死的册文，执文而泣，作祭天之礼而天显吉象。周公的封地鲁国受到特许可以行祭天礼和庙祭文王礼，"鲁有天子礼乐，以褒周公之德也"。这是为什么鲁国作为分封的诸侯国之一，却有天子礼乐的原因。

《汉书·礼乐志》提到，周朝刚刚建立时，"教化浃洽，民用和睦，灾害不生，祸乱不作，囹圄空虚，四十余年"。后世一代枭雄曹操作诗追忆先德："周公吐哺，天下归心。""天下归心"这四个字，《史记》上总共出现两次，一次是为周公，还有一次为开创"文景之治"的汉文帝。孔子"明盛时梦见周公，欲行其道"，一生念兹在兹。圣人之心，虽彼此相隔百年、从未谋面，却是承其志、述其事、行其道的真师友。

《记》曰："蛾子时术之。"其此之谓乎！

3.10 "时"对当今教育有何启示？

十年树木 百年树人

世间万物生长运行，都有其内在规律，并顺应大道。此处用蚂蚁的幼子衔土垒窝，比喻教育是一个需要"时"间、循序渐进、聚沙成塔、久久为功的过程。正如《荀子》有言："不积跬步，无以至千里；不积小流，无以成江海。"这个过程不能求快，所谓"十年树木，百年树人"，养树要养根，养人先养心。

现在有些大学生厌恶学习，认为学习没有意义，甚至还有些认为活着没有什么意义，现在活着只是照别人同样做而已。这些学生是在高考的独木桥上甩掉众多竞争者而闯进国内最高学府的佼佼者，越是优秀的学生，本应该越有能力和责任引领社会风气，带动文明进步，产生广大影响力。对这种教育现象，流行的说法叫"空心人"：泡桐十年就可以长成大树，到后期就空心了，植株会慢慢枯萎死亡；黄花梨五百年才能长成，从明清时代至今仍是世上最珍贵的木材，所以古人有云：大器晚成，厚积而薄发；育人育心，立志为基。

培育人才、发现人才，是社会进步的重要因素。人才的培养和选拔出现问题，直接影响整个社会的发展水平和幸福程度。正是这个原因，为人父母师长者承担着育人的重要使命。家庭培养孩子，老师教育学生，不仅关乎家庭和学校本身，更关乎整个社会。

日积月累　乐学时变

孩子的成长需要时间，孩子的试错也需要时间。人生不止寒窗苦读的二十年，人生的成绩单也不是老师红笔给的分数。我们要有静待花开的耐心，这也意味着要有明辨利害的智慧和不为境转的定力。《中庸》云："凡事豫则立，不豫则废；言前定，则不跆；事前定，则不困；行前定，则不疚；道前定，则不穷。"如果普遍的原则是事先就明确的，那么，对于应该做些什么就不会感到困惑。

"蛾子时术之"的"时"有"积累"之意。心性的养成是一个日积月累的过程，需要长期精进。孩子成长的前期还不能在理性与感性上清晰地体悟"至道之美"，但他对家庭、学校、社会风气都是有感应的。孩子喜不喜欢老师，有可能决定他的一生。他会跟自己喜欢的师长亲近，向自己敬佩的师长学习，这不知不觉地影响他对学习与生活的态度。师长最主要的职责，是帮孩子开启他本具光明的智慧。做老师如果失去慈爱之心，单纯地传授知识，教育就失去了灵魂。

"时"另外还有"变化"之意，世界上唯一不变的就是"变"。教学是因人、因地、因时、因机制宜的。每个孩子都有自己的特长，不同的孩子学同一样东西，不可能每个人都学到相同的程度。师长要发现孩子的特长加以培养和历练。孩子做自己擅长的事,总是越做越喜欢。反之,忽视孩子的特点,而强求孩子活成父母想要的样子,则可能事倍功半。《大学》有云:"物有本末,事有终始,知所先后,则近道矣。"抓住教育的根本与主次,方能事半功倍。

第四章 教之大伦

【本章略启】

　　本章通过"示敬道""官其始""孙其业""收其威""游其志""存其心""学不躐等",揭示了教之大伦有此七者。作为教师应该如何逐项安排与应对,其背后的深层原因是什么,都给出了解释和说明。最后又通过引经指出:仕师贵在率先垂范、先觉接引后学;学生则首先贵在立志,树立远大理想目标。

【原　文】

大学始教，皮弁祭菜，示敬道也；《宵雅》肆三，官其始也；入学鼓箧，孙其业也；夏楚二物，收其威也；未卜禘，不视学，游其志也；时观而弗语，存其心也；幼者听而弗问，学不躐等也。此七者，教之大伦也。《记》曰："凡学，官先事，士先志。"其此之谓乎！

【时牧解】

大学始教，皮弁祭菜，示敬道也；

4.1　古时大学的入学典礼是什么样的？

制礼行仪　尊师重道

古时大学入学有非常庄严的典礼：举行一种祭祀活动，祭祀的人头顶一种叫作"皮弁"（用白鹿皮制作的）的帽子，然后用芹藻祭祀先圣先师，以表示对"道"与"师"的敬重。古人这样做的意义何在？探求其中的本质才是关键。外在的礼有摄受人心的作用，繁文缛节固然要不得，但礼仪仍然是必要的形式。《史记·礼书》写道："缘人情而制礼，依人性而作仪。"行礼并不是为了刻意做给别人看，也不是为了走形式，礼的背后一定是为了启发人的恭敬之心、谦虚之心、仁爱之心、真诚之心等。

学生入学的第一件事，便是安排祭祀。由师长带领学生们参加隆重的祭礼，以给学生们最直击心灵的教育和感化。这外在的仪式不仅会在学生心中激发神圣的感情，也会在师长心中激起"师道尊严""兹事体大"的使命感和责任心。对学生而言，越是诚敬谦卑、敞开心扉，越能接收到先贤和师长传递的能量。

至诚者必感通，感通者必至诚。优秀传统文化是感通文化，心中对"道"与"师"存有轻慢，心里的"接收器"就会出现问题，再强的信号也传递不到内心。无感则难觉，难觉则难学。古时的这种祭祀表面是礼仪，实际是尊道；祭祀并不是迷信，而是正信。祭祀是在养护学生们尊师重道的敬畏之心，是在倡导和培育学生们与天地连根、与祖宗连根、与师长连根、与万物连根的情感，极为重要。

态度恭敬　久久获益

现在很多父母反映，孩子和老师不亲近，主要原因还是缺乏"示敬道"之礼。父母要反思自己是否对师长足够尊敬，是否引导孩子尊敬老师。有人说，现在有些老师人品一般，不值得尊敬。但古人的教育理念认为，老师不是一个单独的个体，他代表的是"师道尊严"。可以说，尊敬老师，尊敬的就是"师道"，也是在尊敬天下所有的师者。

纵然个别老师有不好的地方，父母也要客观公正智慧地善加引导，不该当着孩子的面随意评判师者是非，因为孩子会效仿家长，从而心中失去对老师的尊敬之情。《了凡四训》讲："人之为善，不论现行，而论流弊。不论一时，而论久远。不论一身，而论天下。"孩子如果对老师失去恭敬之心，久而久之会变成一种普遍的怠慢态度，对孩子自身长久的乐学、好学有害而无益。

古人开学的第一件事，便是行"皮弁祭菜"之礼，让学生们自然升起恭敬之心。他们尊重老师，向往入道，在不知不觉中树立正确的学习心态。恭敬的态度与学习的收获成正比。古人有言："有一分恭敬，得一分利益；有十分恭敬，得十分利益。"

《宵雅》肄三，官其始也；

4.2　古时提倡"学而优则仕"，学习的主要方向是什么？

学而为仕　官其始也

"《宵雅》肄三"是指《诗经》中的三篇：《鹿鸣》《四牡》和《皇皇者华》。吟诵这三首诗歌，同上一段的"皮弁祭菜"一样，也是学校开学的重要仪式。

《鹿鸣》描写的是君臣宴请的和乐景象；《四牡》描写的是君之使臣，臣之事君，为臣者奔走于王事，尽其职分；《皇皇者华》描写的是使臣为国奔走，访贤求策，体察民情。开学时吟诵《诗经·小雅》中的这三篇，可以让学生产生做官参政般的感受，勉励学生努力成为社会精英人才，"学而优则仕"是报国为民的开始。曰："官其始也。"

那学习就是为了做官吗？前文提到，仕不仅有"做官"的意思，还有"榜样"的意思。君子之学首先是成己之学，完善自己后，能把自己承担的工作和职责做好，这本身就是一种"仕"。子禽问于子贡曰："夫子至于是邦也，必闻其政。求之与？抑与之与？"子贡曰："夫子温、良、恭、俭、让以得之。夫子之求之也，其诸异乎人之求之与？""温、良、恭、俭、让"既是修身的方法，也是修身的目的。"温、良、恭、俭、让"之人是其他人学习的"榜样"，能像孔子这样不知不觉影响到"做官"之人前来问政，以仁辅政，就是参与政事了。

修己安人　兼济天下

古人认为，君子之学，不仅是为了自修以"独善其身"，更是为了利他以"兼济天下"，既是"立德"亦是"立功"。越是学有所成的人，对社会的责任越大，而"做官"往往是践行社会责任的路径。做官为政，并不是为了立在人上、作威作福，而是为了俯下身来"为人民服务"。为政者用自己的德行与才华去影响大众，带领人民走向幸福，是"学而优则仕"的根本目的。这样的官员才是百姓真正需要的官员，是谓"民之父母"。

在开学典礼上吟诵《诗经》中的这三篇，是为了引发学生立志，树立正确的人生导向。如果说"道"的目标比较抽象，那么"仕"的目标就相对具象，进而更加容易实现。人们终其一生都在向"道"的路上前进，或许不一定能真正到达，但是并不妨碍在此途中修己达人、自利利他。

"出仕为政"是在当时社会环境下"修己安人"的重要途径。对于现代人来说，"学而优"者并不一定要走"为政之路"，在各行各业中都可以成为榜样，起到正向引领的作用，当今，这样成功的例子很多。子曰："老者安之，朋友信之，少者怀之。"立下宏大志向，让天下人各得其所而安居乐业，是君子之学永恒不变的最高理想。

入学鼓箧，孙其业也；

4.3　仪式感对学习有何意义？

鼓箧庄严　行正心谦

学生入学时，大胥之官要击鼓警众，学生也会收到统一的"箧"（竹编箱子）来装书，这就叫"入学鼓箧"。目的为何？"孙其业也"！其主要是为了让人恭顺学业、端正态度。

入学时为何要击鼓？虽然我们现在没有切身体会，但不妨联想一下寺院里的晨钟暮鼓之声，它雄厚、沉稳、悠长，声声激荡，会让人在不自觉间肃然起敬。古时入学的击鼓，也正是起到了警醒的作用，以此来告诉学生，学业的开启并不是一项散漫随意的事，而应高度重视，心生敬畏。恭敬心是学好的前提，它消除了"贡高我慢"的障蔽，可以让学习更有效地进行。

鼓之警示性、箧之统一性，是一种规则与秩序的体现，它营造了一种庄严感，端正了学子的学习态度，这不禁让我们联想到现在流行的一个词叫"仪式感"。它所追求的并不仅仅是仪式本身，更重要的是启发了人内在的敬畏、感恩、尊重，让人通过一定的外在行为来达到内在归正的目的。

莅之以庄　动之以礼

"入学鼓箧"引发我们的思考，在学习过程中是否也可以加入一些"仪式感"，引导孩子的向学之心和良好的价值观呢？子曰："知及之，仁不能守之；虽得之，必失之。知及之，仁能守之。不庄以莅之，则民不敬。知及之，仁能守之，庄以莅之，动之不以礼，未善也。"

以师者来说，如果老师仁德和学识都具备，但是出现在课堂时没有"庄以莅之（以庄严的形象出现）"和"动之以礼（以合适的言行展现）"，仍然不能令学生完全信服。"学高为师，身正为范"，"身正"既指言语的合宜、行为的得体，也指仪表的端正、仪态的和煦。

"服美动目，行美动神"，教师在课堂上是"师道"的体现，举手投足都对学生产生无形的影响。"尔形信直，影亦不曲；尔声信清，响亦不浊。"教师的形体正直，留下的影子必定不歪曲；教师的言语清净，得到的回响必定不污浊。整洁清新的仪容和大方得体的言行既展现出师者对课堂的尊重和对生活的热爱，也激起学生对老师的尊重和对学习的兴趣。

"淑人君子，其仪不忒。其仪不忒，正是四国。"内在贤明的君子，外在仪容端庄美好，就能够影响四方之民归正。《论语·卫灵公篇》中提到"出门如见大宾，使民如承大祭"，也是通过有形的仪式，达到无形的教化之功。郑重庄严、富有文化内涵的成人礼、释菜礼、祭孔礼、拜祖礼等，都能够对思想和心灵产生肃正、感染、转化之效。

夏楚二物，收其威也；

4.4 孩子可以惩罚吗？

因材施教　以时施罚

古时学校里摆放着"夏楚二物"。夏，同槚，《尔雅》云："槚，苦茶。"楚，"荆也"，其枝条可杖人扑人，即轻轻地打，不痛挞。它类似于教鞭戒尺，代表着师长威严，提醒学生学习之严肃与规范，有事前预警和事后惩戒的象征意义。

现代生活条件越来越好，不少父母溺爱孩子，特别是受到西方文化的影响，许多父母认为不应该惩戒孩子，而只能用包容之心循循善诱。其实，法无定法，应机则妙。育人讲究"时变"，是指对不同天赋、不同情志、不同成长情境下的孩子选择灵活多变的教养方式。《颜氏家训》言："父母威严而有慈，则子女畏慎而生孝矣。吾见世间，无教而有爱，每不能然。饮食运为，恣其所欲，宜诫翻奖，应诃反笑，至有识知，谓法当尔。骄慢已习，方复制之，捶挞至死而无威，忿怒日隆而增怨，逮于成长，终为败德。"这段话解释了如今许多家庭面临的教育问题。"冰冻三尺，非一日之寒。"青少年时期爆发的不良学习和生活习惯，都是前面十数年的教养过程中埋下的不良种子。

到底是"教"还是"爱"，是"诫"还是"奖"，是"诃"还是"笑"，需要父母师长应时而化。北宋理学家、教育家程颢和程颐两兄弟的文论中提到，"如有不率教之人，却须置其楄楚，别以道格其心，则不须楄楚，将自化矣"。如果学生在求学阶段恶性暴露、为所欲为，则"须置其楄楚"，进行适当的约束与惩戒，再"以道格其心"，用正能量的言行对其教导和影响，则能自然而然地感化。

不得其正　　不明奖罚

有的父母问："不知道什么时候该罚、什么时候该奖，怎么办呢？"《大学》提到，"人莫知其子之恶，莫知其苗之硕"。人因为对自己的孩子有溺爱之心，不太能看清孩子的缺点；又因为人容易产生比较和不满足的心，总拿别人家孩子的优点比自家的孩子。于是，父母可能一方面过于溺爱孩子，另一方面又过于苛责孩子。这看起来矛盾混乱的情况，源头都在"心"。

"所谓修身在正其心者，身有所忿懥，则不得其正；有所恐惧，则不得其正；有所好乐，则不得其正；有所忧患，则不得其正。"如果一任愤怒、恐惧、喜好、忧虑等情绪绑架而不能觉察，则心"不得其正"。水静而清，心静而明。能够敏锐洞察孩子的父母师长，一定是能够敏锐洞察自己的人，所以"自天子以至于庶人，壹是皆以修身为本"。古之人，不余欺也。

能够觉察自己情绪的父母，不会随便"迁怒"于孩子，能够不断提升自己修为的父母，定能让孩子心中自然生发出爱戴和敬仰的感情。这样的父母"威严而有慈，则子女畏慎而生孝矣"。他们惩罚孩子不是出于"混乱的心"，而是出于"清明的心"。

教有教法　严慈相济

能不能体罚孩子？由于人有动物性，一般是要罚的。但要因时而辨，罚的关键是：为什么罚？由谁来罚？在哪里罚？用什么罚？怎么罚？不孝不悌、做人不合道的要罚；应该由有德行、有威望的人来罚；在圣人先师和祖宗牌位前罚；戒尺从先祖牌位上请下来罚；打疼不打伤，可以罚。痛的是肉体，醒的是灵魂。一个有爱心、行正念的教育者虽然惩罚了孩子，孩子的心灵却会感到满足，因为自我完善是他心灵的根本渴望。

那些反对惩罚的人，多是对自己过去的经历有所不满，感觉到被规矩束缚，比较之下，觉得"西方人人平等的做法"比较好。这种爱子之心可以理解，只是中西文化传承不同，完全复制照搬西方的"术"而忽视我们自己祖先千年积淀的智慧，是不可取的。自由不是放纵，规矩也不是束缚，它们都需要以"度"来调节，以"爱"来打底，恰当的规矩才是通往人生自由之路的保障。

我们要把孩子导向一条中正的道路，这条路既不是毫无节制的随心所欲，也不是缩手缩脚的畏惧束缚，而是胆大与心细共存，积极与谨慎同在。在孩子胆小退缩时，要给予足够的力量让他们无畏向前；在孩子顽劣嚣张时，要收摄他们的傲慢使之归于安定，而这就需要父母师长能恩威并施、严慈相济。不论呈现的是"慈眉善目"还是"金刚怒目"，都是为了达到恰到好处的效果，这也是理性与感性平衡的智慧之举。

未卜禘，不视学，游其志也；

4.5 为什么考试的间隔时间如此长呢？

参于自然　和于万物

教育官员在每年春祭之前是不视察学生学习的，也不给他们安排考试和检验，老师也不跟他们过多探讨有关学习的问题，任由学生们"游其志也"。他们因此能够自行探索、发现特长，逐步培养爱好，逐渐确立志向。

人生的真谛其实与自然相通，此时任其自由发展，能够最大程度地保留学生们的天性，使他们可与大自然充分融和。潜移默化地陶冶学生们的情操，自觉自悟地打开"智慧"大门，参悟生命真谛。今人看到古人在各行各业曾经取得的辉煌成就，他们的天赐之韵和神来之笔往往令我们自叹不如，乃是因为古人重视与天地万物的感通与和谐，而我们由于生活环境和习惯的改变，离自然之道越来越远了。

养心游志　宁静致远

有经言："人能常清净，天地皆悉归。"一个合于自然之道、常守清净本心的人，天地都映照在他心里，心中因此能够生发出无穷的观感与灵通。朱熹称之为"问渠哪得清如许，为有源头活水来"。诸葛亮在其名传千古的《诫子书》里也讲，"非淡泊无以明志，非宁静无以致远"。都是说要养其心、游其志，助力人生可以走得长久、持续丰收。

北宋理学家程颢作诗言："闲来无事不从容，睡觉东窗日已红。万物静观皆自得，四时佳兴与人同。道通天地有形外，思入风云变态中。富贵不淫贫贱乐，男儿到此是豪雄。"心情闲静安适，做什么事情都不慌不忙。一觉醒来，红日已高照东窗了。静观万物，都可以得到自然的乐趣，人们对一年四季中美妙风光的兴致都是一样的。大道通达天地之间一切有形无形的事物，思想则渗透在风云变幻的趣味之中。如果富贵而不骄奢淫逸，即使贫贱而能保持快乐，这样的男子汉就是英雄豪杰了。

古人的志趣由此可见一斑。他们重视"顺应自然、悠游心性"，追求"不以物喜，不以己悲"的人生境界。因此，考试制度也是不固定化、不应试化、不功利化的。这使得真心向学的人能够有充分的时间感受天地之道，以德行涵养心性，以心性来增进学问的进步，正如《中庸》所言："尊德性而道问学，致广大而尽精微，极高明而道中庸。"

借古爱今　祝福久久

即便在目前的教育中，马上给孩子创造一个充分游其志的环境并不容易，我们仍然可以借古人的智慧来涵养自己与孩子的心性，借古人的风范来熏陶自己与孩子的志向。党风政风影响社风民风，进而影响家风学风，家风学风又直接影响社风民风、政风党风，每个人的意识和心灵其实都对大环境有感应。这时候，圣人先贤那些高尚而纯净的思想，就如同降落在干裂大地上的甘霖，它们可以滋养人心、提升正气，也能带动个体与社会的自觉自信。

"感动中国2020年度人物"之一，现年已百岁的叶嘉莹先生，一生致力于中华古典诗词的讲授与传播，历经坎坷而志向未衰，"纵教精力逐年减，未减归来老骥心"。纪录片《掬水月在手》拍摄了她多难却又硕果累累、精神奕奕的一生。她回忆自己少时的学习经历时说："我小时候不经老师讲解所背下来的古书，随时会展现它精微的道理。在我人生各种困惑艰难之中，这些古圣先贤的句子随时会出现，领导我胜过一切的艰难。"

虽然，我们的孩子不得不在未来独自面对人生的起伏，但如果在他们的少年时期，我们能呵护他们"游其志"，未尝不是对他们最长情的陪伴。"掬水月在手，弄花香满衣。"纵使世事变幻、人生无常，水有逝时，花有谢日，然而幸福仍是心上的月，是灵魂的香，是不假于物、自在自得的。

时观而弗语，存其心也；

4.6 师者为什么要懂得"只看不说"？

时观弗语 存其天性

"时观而弗语"，谓教者时时观之，只看不说，目的在于"存其心也"。子曰："天何言哉？四时行焉，百物生焉，天何言哉？"孔子说，天地不语，而万物各自发育。孩童与少年时期正是在天地之间悠游心性、恣意徜徉的好时候，他们的想法层出不穷，甚至千奇百怪，他们尚未被大人固化的概念框住。智慧的父母师长，懂得效法天地之无言与宽广，明白自身可能的有限之处，而提供给孩子充分展露自在天性的空间。

《庄子·内篇·齐物论》言："知止其所不知，至矣。"能够理性认识自己的不知，止于此，安于此，则对宇宙与人生万象尚有好奇与谦敬。如果父母师长葆有对生命的尊重与体贴，就不会随意打断和干扰孩子独立思考和自主探索。一个人内在的主体意识是慢慢发展出来的，孩子们需要足够的时间和空间去观察和思考。重要的不是找到某个答案，而是在不受限定的自在探索中发散个体思维，发现对事物认知的无穷可能性，从缓慢体验的真实感受中确立自我主体意识，建立起踏实而稳定的内心世界。

许多人批评国内的现代教育没有给孩子独立思考的空间，也是因为现代教育倾向于打断、评价和限定孩子。语言是一种能量，说出去就会对人有影响。比如，给孩子确定了标准答案，隐隐传达出来的信息，就是不认可其他不一样的做法。很多孩子不敢发表和别人不一样的看法，总是担心周围人的想法，这些会阻碍他们发展成为可以充分调动生命潜能的独立而完整的个体。古人教学"时观而弗语"，意欲存少年之"自在之心"，不可谓不考虑深远。

不愤不启　不悱不发

"时观而弗语"的另一层用意是存养学生的"愤悱之心"。孔子言："不愤不启，不悱不发。"朱熹在《四书章句集注》中解释："愤者，心求通而未得之意；悱者，口欲言而未能之貌。"教育要讲究时机，当学生有汲汲欲求的向学诚心，经一番苦思冥想还不能自解其惑，只差稍许点拨便可畅然贯通时，便是教学的最佳时机。教育者观其未通处，恰到好处地启发思路，学生便得以拨云见日、豁然通达。

如果学生本身没有主动性，或者还不到"愤悱"的程度，这时候的教导和点拨都不能很好地发挥功效，很有可能变成"左耳进，右耳出"。如果不是学生自己内心真正在渴求的、大脑真正在思考的，给到的教育内容再好，他们也不能真正内化为自己生命的一部分，教育效果事倍而功半。这也说明了为什么"填鸭式"的补习从长远来看对孩子是不利的。知识短期内学得很多，但却没有自己的真实体验，不仅不能内化知识，最后还变成"知障"。这种"知障"会像无形的罩网一样缠住人的心，令他无法回归内心的本然。某种程度上，少年得志恰是人生第一阻碍。

师者要看、要观察，因为教育者要时刻做好帮助的准备；师者不说，因为学习本就是学生自己的事。老师无法代替学生体验和成长，而必须放手给予他们充分的机会。作为父母师长需要学会旁观，让他们自己尝试，不畏惧试错。越位与代劳或许能暂时获得不错的结果，但会让孩子不再思考和探索，变得依赖，失去了主动性，这是得不偿失的。

在学习中，主角永远是学生自己，父母师长只是起到陪伴和辅助的作用，在该加油的时候给他们鼓劲，在该惩戒的时候帮他们收心，在需要帮忙的时候伸出援手，但多数时候我们仅需静待旁观、无须多语。这就好像教育者是导航仪，负责给偏离了轨道的车子指引方向，但前行还是要靠内在的驱动力，路途中的沟沟坎坎都得亲身经历，无人能替。

幼者听而弗问，学不躐等也。

4.7　善于聆听可以怎样助益师生的学与教？

多闻博见　少言寡辩

"幼者听而弗问"有两种解释。从"幼者"的角度来看，初学者"力不能问"，没有足够提出问题的能力，那么就不必对初学者做过高的要求。"听而弗问"指的是初学者以"听"为主，并不是不能"问"。"学不躐等"，即学习要循序渐进，不能逾越本该有的次序。

学生在与师长同学共处时，如果学长与老师们的交流和探讨是畅所欲言而又彬彬有礼，充满奇思妙语且友善开阔的，"幼者"的心灵就像沐浴在温暖滋润的阳光之中。好学是人的本质属性，生命有其内在的向上的愿望。"多听"而"存其心"是一种人性化的学习方式,既符合他们的成长阶段,也是一条智慧的修学之路。

子曰:"盖有不知而作之者,我无是也。多闻,择其善者而从之,多见而识之,知之次也。"孔子说自己不是"不知而作"之人,总是多多听闻,选择其中的嘉言懿行去依从;多多见识,是非善恶,默记在心,以备行事之参考。庄子言:"孰知不言之辩,不道之道?若能有知,此之谓天府。注焉而不满,酌焉而不竭,而不知其所由来,此之谓葆光。"古人注重不言不辩之智慧,并不是说不要言辩,更不是不能质疑,而是要"多闻阙疑,慎言其余",善养敦敏之性,善葆智慧之源。

善观弗语　善听弗问

从"教育者"的角度来看,"幼者听而弗问"指的是,对于初学者,师长要善于"聆听"他们,而不是去问询和考查。

初学者虽然还不擅长阐述,但他们也已经有了自己的想法和感受。一般而言,师者不向"幼者"如考试般提问,不代表师者不可以提问以鼓励思考,也不代表"幼者"不可以自由表达。相反,他们的心声应该被听到和尊重,这是师者走进学生内心世界、真正看见学生的契机,能够让师生之间建立起亲密与信任。"善观而弗语""善听而弗问"的师者尊重学生的天性和心声。学生对师者的关怀与善意也是有感知的,他们乐意和自己喜欢的人在一起,学习也就成为一件高兴的事。

从这个层面上看,老师不宜多换,了解学生后引导学生甚至训诫学生都需要经过长期的关注与陪伴。除非老师失去慈爱与温暖,不然学生不会倦腻同一个老师,反而更容易培养出深厚的感情。老师对学生的了解,应像对自己孩子的了解一样。这种长期陪伴的关系,甚至会达到家庭教育的效果。教育应专注于"德行"与"智慧"的培养,而不仅仅只是强调向"知识"的方向前进。

大学始教，皮弁祭菜，示敬道也；《宵雅》肄三，官其始也；入学鼓箧，孙其业也；夏楚二物，收其威也；未卜禘，不视学，游其志也；时观而弗语，存其心也；幼者听而弗问，学不躐等也。此七者，教之大伦也。

4.8　教之七伦的逻辑是什么？

教之七伦　义礼俱进

以上是古代传统教学从礼、乐、序、诫、游、观、听七个方面着手，总结出来的教学宗旨，鞭辟入里，不偏不倚。"此七者，教之大伦也。"

从教之七伦中我们可以看到，每句中的前半句都是形式，如"皮弁祭菜""《宵雅》肄三""入学鼓箧"；而后半句都是目的，如"示敬道也""官其始也""孙其业也"。前半句的形式是随着时代的改变而改变的，后半句的目的则基本不变，是可以鉴古通今的。这七条在告诉我们，想要教好、学好需要做到：深明意义，明确方向，端正心态，符合规律。

古人之学，重在学为人之道，这也是孔子开启私学后历代教学的首要原则。孔子说自己到了七十岁，才能"从心所欲，不逾矩"，一个人要真正具备人文精神修养，是要经过终身的努力的。《尚书》言："人心惟危，道心惟微。"人心如果不向着道心修养，则心为形役，慧命难启，人生不得为自己主宰；人心向着道心修养，则日知玄深，虚己以敬，悦乐之情久而充盈。正如德行的报酬就是德行本身，学的意义在于学的过程。古之大学在开学时用"皮弁祭菜"之礼，就是通过"示敬道"帮助学生明确学习的意义。

学要敬道明德，也要入世达德。子曰："君子病无能焉，不病人之不己知也。"一个君子，只愁自己能力不够，不愁别人不知道自己。这个能力既指德，也指功。孔子曾经问自己的学生："居则曰：'不吾知也。'如或知尔，则何以哉？"他训导学生："平时就说'别人不了解我啊'，假如有人了解你们，你们打算做什么事（去实现自己的抱负）呢？"所谓"官其始也"，也是养其德、培其材的开始，君子之学，立德亦立功，成己亦成人。持续完善自己的人格，不断打磨自己的能力，在学习中一以贯之，在为他人服务中实现价值，是大学之教的宗旨与方向。

教育固本　以道御术

既然大方向确定了，就该"致广大"而"尽精微"。安住学人之心，落到每时每刻的精微处，即是要端正心态：敬、谦、无妄。古人为了让学生达到这样的心态，用"入学鼓箧"升其敬意，用"夏楚二物"消其骄焰，通过种种方式，把他们的心安住于正道，为学习做好充分的准备。

如果说上面几条是让人做正确的事，那么后面几条就是让人正确地做事，而这就需要符合教育的规律。教育有一些基本原则：一、人不同，教育不同；二、阶段不同，教育不同；三、个人生命的成长，具有自发性与主动性，学是重点，教是辅助。从这些原则出发，依照规律前行，教育如同顺流而下。

因为人不同，所以要"游其志"，而不是"固其志"，学生需要有充分的时间去探索和发掘自己的内在潜质和天赋使命，所以"未卜禘，不视学"。阶段不同，教育不同，所以要"幼者听而弗问，学不躐等"。教育的根本是个体生命的成长，是靠主动性来完成的，被动者终难成才，师者则要懂得巧妙的"观而弗语"，把自己放在辅助性的位置，而非主导性的位置。

如果我们既能体悟教育之"道"，又能运用教育之"术"，那么教育将进一步成为固国之根本、强国之动力。社会上不乏许多教育的"术"法，都有它某方面的合理性，但如果没有"道"法指引，"术"法再多，也不能顺利地护航这艘教育的大船。所谓"有道无术，术尚可求也。有术无道，止于术"。当今社会，摆在国人眼前最要紧的，便是学习中华优秀传统文化，恢复本有的"道"。

《记》曰："凡学，官先事，士先志。"其此之谓乎！

4.9　为什么古时和现代都需要"仕师"？

官事于学　士学于官

"凡学，官先事，士先志。"是对这一段的总结。这里的"官"指文中提到的辅助教学的人，他们要做好教学管理工作。古时"太学"是国家机构，所以官员在教学中扮演了重要的角色。不论"皮弁祭菜""《宵雅》肄三""入学鼓箧"，还是"未卜禘，不视学"，这些都是教官要做的事，他们是"仕"也是"师"。

入太学为的是出仕行义，以达其道。主要出路是为官，志于入学的学人很可能成为未来的官员，主持教学活动的官员则是这些未来官员的榜样。学人会有意无意间受到官员的影响，官员的威仪、学识、品格、态度、言行举止都会在学子的心灵中留下印记。人生的这个阶段，学子脱离了原来熟悉的成长环境，太学的学习为他们开启了一个新的世界。这个世界里的人和事将会更深一层塑造他们的世界观、价值观和人生观。

现代社会中，进入学校的孩子，开始从原来以父母为整个世界，过渡到以身边的老师、同学为效仿对象。老师、同学起到什么样的榜样作用，对孩子的心性成长、志向树立和信念塑造都极为重要。择师择友都极为慎重，也是因为重视环境对心灵的引领和熏染。

上行下效　民具尔瞻

《诗》云："节彼南山，维石岩岩。赫赫师尹，民具尔瞻。"师位者赫赫，如南山之石高峻威严，是众人之所效瞻。

明代"开国文臣之首"宋濂，一生刻苦学习，"自少至老，未尝一日去书卷，于学无所不通"。太学学生马君则拜访他时，宋濂为鼓励后学，写下《送东阳马生序》。开篇"余幼时即嗜学。家贫，无从致书以观，每假借于藏书之家，手自笔录，计日以还。天大寒，砚冰坚，手指不可屈伸，弗之怠"。谈到读书时期，他人锦衣玉食而自己只能"缊袍敝衣处其间"，却毫无羡慕之意，因为"以中有足乐者，不知口体之奉不若人也"。至今读来仍然令人动容。

后又谆谆诫勉学子："其业有不精，德有不成者，非天质之卑，则心不若余之专耳，岂他人之过哉！"彼时宋濂已经是能给太子讲课的老师，但劝诫晚生后辈时现身说法、平等恳切，文辞中颇有"温而厉，威而不猛，恭而安"的风度。那时的历史场景已经很难还原，但人同此心，情同此理，他鼓励马生的一席话，和《送东阳马生序》对现代学人的影响是一样的。

虽然现在教育工作主要由学校来承担，但社会也越来越认识到家庭教育的重要性，父母、老师、官员的榜样作用从未发生过改变。看着身边的人是什么样子，学生对未来就形成基本的感知、概念和方向。所谓"上行下效"，每一位官员、老师、父母都在默默地影响着下一代的志气、骨气、意气和风气。

圣贤之志　立乎其大

　　本章强调了学人"立志正心"之重要。不论是"益慕圣贤之道"的宋濂，还是宋朝"为天地立心，为生民立命，为往圣继绝学，为万世开太平"的张载，古往今来有成之士，无不是立大志者。《孟子·告子上》曰："先立乎其大者，则其小者弗能夺也。此为大人而已矣。"

　　"心学"之集大成者的阳明先生，他十二岁时，曾请教先生："何为人生第一等事？"先生回答："惟读书登第耳。"阳明先生听后反驳自己的老师："登第恐未为第一等事，或读书学圣贤耳。"他认为人生第一等大事是做圣贤，如此高远之志，令时人与后人叹为观止。阳明先生也是曾国藩、梁启超、稻盛和夫等中外名人的心灵导师，是中国历史上罕见的全能大儒，达到了"立德、立功、立言"三不朽。墨子言："志不坚者智不达，言不信者行不果。"正所谓"先圣后圣，其揆一也"。

　　"官先事，士先志"，归结到底，仕师所"事"、所"志"，不外乎"学"之一字，"博我以文，约我以礼"。孔子言"下学"，其具体内容广泛而细微，要求在生活的点滴中"一以贯之"，才能有"上达"的境界。《学记》提到，学子入太学后经九年（约数）教育陪伴才能"知类通达，强立而不反"，古人将"君亲师"上升到与"天地"同享牌位，可见老师对提升人心、促进文明的重要作用，这种作用超越时空，今古一同。

第五章　大学之教

【本章略启】

　　此章强调，要把课内外学习内容相结合并互为补充，才能达到最佳学习效果。"藏、修、息、游"，对应"志于道，据于德，依于仁，游于艺"，是古今教育都应该遵循的基本导向。同时阐述了"安学""亲师""乐友""信道"在当代教育中的重要意义。随后，通过列举反面的教育现象，强调智慧之显在"诚"，"安学"之本在"德"。

【原　文】

大学之教也，时教必有正业，退息必有居学。不学操缦，不能安弦；不学博依，不能安诗；不学杂服，不能安礼；不兴其艺，不能乐学。故君子之于学也，藏焉，修焉，息焉，游焉。夫然，故安其学而亲其师，乐其友而信其道。是以虽离师辅而不反也。《兑命》曰："敬孙务时敏，厥修乃来。"其此之谓乎！

今之教者，呻其占毕，多其讯言，及于数进而不顾其安，使人不由其诚，教人不尽其材。其施之也悖，其求之也佛。夫然，故隐其学而疾其师，苦其难而不知其益也。虽终其业，其去之必速。教之不刑，其此之由乎！

【时牧解】

大学之教也，时教必有正业，退息必有居学。不学操缦，不能安弦；不学博依，不能安诗；不学杂服，不能安礼；不兴其艺，不能乐学。

5.1　古时大学的课堂与课后学习安排对今天有何启示？

在《学记》所处的时代，学校教"诗、书、易、礼、乐"等经典，谓之"时教必有正业"；课后也有作业，即"退息必有居学"。课上和课后的学习，侧重点各有不同，"弦、诗、礼"等正业是课堂所教，而"操缦、博依、杂服"等辅艺就是课后所习。

这样的教学方式是为了通过课后"兴艺"让学生"乐学";通过"乐学"辅助正业,让学生在课堂上更好地"安学";"安学"之后对课堂内容产生更多的探索兴趣,课后与师友广泛切磋,自己深入琢磨,在"操缦、博依、杂服"等实践活动中越发"乐学"。这两者是相辅相成的。课堂与课后的协调搭配,让学生既能巩固完善所学的理论,又能切身体味实践带来的乐趣,学中行,行中学。

子曰:"知之者不如好之者,好之者不如乐之者。"我们都想要"安学",学得明白,学得扎实,更想要"乐学",学得开心,学得有兴趣,怎么做呢?就要"兴其艺"。这就是说,学习不仅需要老师在课堂传授,也需要学生在课后去观察、去探索、去实践。再好的学习内容,如果脱离了生活,便会呆板无趣、缺乏生机。古时的"艺",通常指"六艺":礼、乐、射、御、书、数。这些都不是死板的知识,而是实操的技能。不仅充满挑战,也极富乐趣。

学习生活　一体两面

时至今日,虽然"时教"与"退息"的内容发生了一些变化,但其内在的教育指导原则,仍然有其历久弥新的价值。我国著名教育学家陶行知先生有一则小故事,生动地说明了"学习"与"生活"是互相促进、缺一不可的。

一天,朋友夫人来看陶行知,说她的孩子把一块新买的金表拆坏了,她非常生气,狠狠地揍了孩子一顿。陶行知听了,摇头说:"你打掉了一个'爱迪生'。"接着,他又亲自到朋友家里,把那个小孩请出来,带他到修表店去看师傅修表。他们站在修表师傅身边,看着他把表拆开,把零件一个个浸在药水里。又看着他一个个装起来,再给机器加上油。这个过程用了一个多小时,花了一元六角钱修理费。

陶行知深有感触地说："钟表店是学校，修表师傅是老师，一元六角钱是学费。在钟表店看一个多小时是上课，自己拆了装，装了拆是实践。做父母的与其让孩子挨打，还不如付出一点学费，花一点功夫，培养孩子在生活中好问、好学的兴趣。这样'爱迪生'才不会在生活中被赶走和打跑。"

居学兴艺　安乐诗礼

"乐"如何学？若要学好琴瑟之乐（安弦），必须要先学好指法和调弦（操缦）。学生们既需要理解理论知识，还需要练习音乐的各种表达技能。要想能课上安弦，需要有一个课下自我体会和摸索的过程，而这个过程是为了给予足够的时间，让学生在实践中充分吸收和琢磨，体会音乐的乐趣与美妙（不学操缦，不能安弦）。

"诗"如何学？《诗》多用赋比兴的手法，比如"《宵雅》肆三"中的《鹿鸣》《四牡》和《皇皇者华》，就是以"鹿、马、鲜花"等事物来起兴的。要想学得好，学生们就需要广泛地在自然、社会中观察，寻找事物间的关联。当他们学会借助各种事物来比兴后（博依），"诗"这门学问就不在话下了（不学博依，不能安诗）。

"礼"如何学？不同场合的礼，有不同的服饰，也有不同的形式，非常复杂。比如开学时的"皮弁祭菜"之礼，就对服装和形式有一定的要求，如果要死记硬背这些知识，肯定是相当头疼的。最好的方法是直接参与到各种活动中，或者作为旁观者来观察。通过穿戴各种服饰和参与执礼的过程，学生就能逐渐了解礼的特征和内涵（不学杂服，不能安礼），并且已经是在生活中行"礼"了。正如荀子言："闻之不若见之，见之不若知之，知之不若行之，学至于行之而止矣。"

不学操缦，不能安弦；不学博依，不能安诗；

5.2 为什么要学"诗"？

诗为生活　诗为雅言

为什么课内主要教"诗、书、易、礼、乐"这些看似无用的科目呢？我们现代人似乎不太能理解。当时的教育内容，确实比不上现代知识来的丰富多彩，更不用说高新的科学和先进的技术了，但相对于重点在"术"上的现代教育，那时的教育更能深入人性的根本，立足于"道"。

这里的"诗"并非指《唐诗三百首》，而是《诗经》，要早于唐诗上千年的时间。《诗经》里描述的内容涉及了周朝社会的方方面面，包括劳动与爱情、战争与徭役、压迫与反抗、风俗与婚姻、祭祖与宴会，甚至天象、地貌、动物、植物等等，是当时社会生活的一面镜子。

其中很多诗句，国人都耳熟能详，比如"关关雎鸠，在河之洲。窈窕淑女，君子好逑"。还比如"蒹葭苍苍，白露为霜。所谓伊人，在水一方"等，读起来朗朗上口，很有韵味。也许在以白话文为主的今天，我们不太能马上理解其中的深意，但不可否认的是，读诵时言辞中的优美韵味，即使相隔千年也仍让人回味无穷。亦如《论语·述而》云："子所雅言，《诗》《书》、执礼，皆雅言也。"

兴观群怨　人文化成

子曰："小子何莫学夫诗！诗，可以兴，可以观，可以群，可以怨。迩之事父，远之事君，多识于鸟兽草木之名。"孔子总结《诗》有兴、观、群、怨四项功能。"兴"，即兴发意志，使人受到启发和鼓舞；"观"，即帮助读者观察社会风俗的盛衰和政教的得失；"群"，即聚集人士，切磋砥砺；"怨"，即抒发心中不平，讽喻不良政治和不合理现实。

"多识于鸟兽草木之名"，据顾栋高《毛诗类释》统计，《诗经》中出现的鸟兽草木之名，鸟名有43种，兽有40种，草有37种，木有43种。"识于鸟兽草木之名"，不仅是认识自然增加知识，更是"观乎天文，以察时变；观乎人文，以化成天下"。天文是指天道自然，人文是指社会人伦。治国者上察天道自然的运行规律，下达现实社会中的人伦秩序，使人们的行为合乎文明礼仪而成"大化"。

孔子曾向对古代官制十分精通的郯子求教，郯子有一段话提到，从前黄帝以云记事，因此他的百官都以云命名；炎帝以火来记事，因此他的百官都以火命名；共工氏以水记事，他的百官都以水命名；太昊氏以龙记事，他的百官都以龙命名。我的高祖少昊挚即位的时候，恰遇凤鸟飞来，因此便以鸟记事，他的百官也以鸟命名。古人用对自然的体认，来确立人间的规则次序，此后发散演变为世间各种名相，但追溯起源，乃一草一木、一鸟一兽也。

言志益思　中正平和

学《诗》是"博依"而"言志"，真正能贴近自然万物的心灵，对天地之美、人文之理有着敏锐的感应和捕捉。这些都会内化成为学人心中的情志，外显为口中的莲花、笔下的文采、手上的巧物。举凡人间大美，莫不得意于此。诗无达诂，对一首诗的字词，一般不作定解，因为拘泥于字面句法对驰骋才智、涵养身心并无益处。

孔子曾对《诗经》进行了概括："《诗》三百，一言以蔽之，曰：'思无邪'。"学诗能从《诗》之所绘种种境相中了达，使自己的心灵与诗中"思无邪"的心灵相合，祛除杂念、恶念、邪念，激发人性中的真善美，提升人生境界。所谓"平人者，不病也"。喜怒哀乐等情绪是人之常情，久陷情绪却容易伤志伤身，人们可以借"诗"来抒发、舒缓、调节自己的情绪。

由此可见，《诗》既能培养志趣、激发才思，又能纯净身心、调和情绪。正如孔子在考查儿子孔鲤的学业时，也只对其嘱咐："不学诗，无以言。不学礼，无以立。"由此可见学《诗》对教育的重要作用。

不学杂服，不能安礼；

5.3　为什么要学"礼"？

礼防专断　施教百姓

"刑起于兵，礼源于祀。"礼最初是先民祭祀天地鬼神等超自然力量的一种仪式，类似于一种宗教文化。周朝吸收并改进夏殷两代之礼，提出"以德配天，敬德保民"的重德思想，建立了一整套具有浓厚人文精神的礼制。周公制礼的政治意义就在于防止专断，如《淮南子》言："法籍礼仪者，所以禁君，使无擅断也。"

古语亦言："刑不上大夫，礼不下庶人。"由于早先执礼之人多是贵族，普通百姓并没有机会受到礼的教养。所以礼首先是用来约束统治者的。《论语》中定公问："君使臣，臣事君，如之何？"孔子回答说："君使臣以礼，臣事君以忠。"统治者及贵族阶层尤其应当修养内在的仁德之心，并外化为礼义之行，以此引领施教百姓。"君子之德风，小人之德草。草上之风必偃。"

孔子认为"人而不仁如礼何？人而不仁如乐何"，外在的形式是引导人们回归内在的德行与修养去追问礼的根本，他把"仁"的思想引入礼，用来解释礼、阐发礼。子夏问曰："'巧笑倩兮，美目盼兮，素以为绚兮'，何谓也？"子曰："绘事后素。"曰："礼后乎？"子夏问孔子："美女有巧笑之倩、美目之盼，再加素粉以增添美丽，这是为什么呢？"孔子说："你看绘画，不也是先有素色为底，再加以纹饰的吗？"子夏有悟："礼也是放在后面的吧？"意即，学礼的先决条件应当是内在具有仁德之心、忠信之质。孔子赞之，说，现在就可以和子夏谈论《诗经》了。

仁以为本　礼让行之

孔子将"仁"与"礼"打通，突出了礼内在的仁义之本。《礼记·乐记》云："中正无邪，礼之质也。庄敬恭顺，礼之制也。""著诚去伪，礼之经也。"如果不是出于一颗清净无染、中正真诚的心，外在的礼仪只是徒有其表；如果虚礼盛行，人人作揖称好，内心却怀疑猜测，则人与人之间的温情与信任渐无，社会整体的幸福感将大大降低。孔子叹曰："礼云礼云，玉帛云乎哉？乐云乐云，钟鼓云乎哉？"

人的生命当中有"非仁"的欲望存在，纵则害人，所以一定要有规范来约束它，这种约束实际上是一种教化。"饮食男女，人之大欲存焉。死亡贫苦，人之大恶存焉。故欲恶者，心之大端也。人藏其心，不可测度也；美恶皆在其心，不见其色也，欲一以穷之，舍礼何以哉？""礼"并非要禁止人欲，而是要顺应人的本性，将其引向善的方面。圣人承认人的基本欲望，但主张格之以"道义"，"富与贵，是人之所欲也，不以其道得之，不处也"。

礼的教化可以通过"让"来实现。西方的道德理论当中，很少出现"让"的概念，而在中国的道德哲学中，"让"是礼的根本。孟子言："恻隐之心，仁之端也；羞恶之心，义之端也；辞让之心，礼之端也；是非之心，智之端也。"朱熹言："让者，礼之实也。"人的动物本性是只为自己的，而人的欲望也是无穷无尽的。当人开始为他人着想而礼让他人时，便是文明教化的开始。古人把礼让作为培养人格的重要手段，通过这样的熏养，人的欲望得以节制，人格也随之挺立。"道德仁义，非礼不成。"（《礼记·曲礼》）

克己复礼　礼敬贵和

礼的重要作用是使社会和谐有序。当今全球局势紧张，人类发展面临重重困境，如何解决各种冲突？如何无所惧怕地去生活？如何心胸开阔地去行动？如何谦恭真诚地去爱呢？

如果一个社会仅有制度规范而无道德教化，是不足以消除社会纷争的。孔子说，"克己复礼为仁"。在中华优秀传统文化中，围绕着"克己"这个概念，给出了解决问题的方案：较少地考虑自己的得失。"吾所以有大患者，为吾有身。及吾无身，吾有何患？"就无须惧怕外在的变化；能将群体的利益纳入自己的利益范畴中，"己欲立而立人，己欲达而达人"，就扩大了心的边界和容量；将我心比你心，"己所不欲，勿施于人"，就能在理解的基础上用智慧的方式去关爱和帮助他人。

有人可能会说，礼是一种阶级化、不平等的表现，西方的"人人生而平等"更加人性化。其实，礼的实质是顺从社会规律、服务社会的。人在社会上总是有上下贫富之分的，礼之体制是为了区分上下的权责，比如师有教道，生有学道；父有慈道，子有孝道等。《曾子》曰："夫礼，贵者敬焉，老者孝焉，幼者慈焉，少者友焉，贱者惠焉。此礼也。"曾子提出礼的总原则：对社会地位高、做领导的人，要表示尊敬；对年长的人，要拿出对父母一样的孝顺态度；对幼小的孩子，要表现出慈爱；对年纪比我们轻的，要当朋友一样对待；对社会地位不如我们的人，要施以恩惠。社会的不同群体之间，要能够团结而形成和谐的社会风气，必须提倡礼。

礼不是不平等，只是承认差异的客观存在，同时致力于打通上下阶层的阻隔、缩小贫富的差距，构建有差别但人人和乐相处的社会。有子曰："礼之用，和为贵。先王之道，斯为美，小大由之。有所不行，知和而和，不以礼节之，亦不可行也。"（《论语·学而》）礼主敬，人与人之间有差别但互相尊敬；礼贵和，虽有差别但可以彼此调融。"和"的前提是承认万物不齐、人各不同，不然就叫"同"而非"和"了。要使"万物并育而不相害"，就需要"以礼节之"。就像竹节，虽是一气相通，但却上下有别；虽是上下有别，却互为助养。

不兴其艺，不能乐学。

5.4　为什么要学"乐"？

润养身体　培育情操

古之"乐"，包括诗歌、器乐和舞蹈，是实现礼的另一种方式。《黄帝内经》言："天有五音，人有五脏；天有六律，人有六腑。……此人与天地相应者也。"《素问·阴阳应象大论》中将角、徵、宫、商、羽五音分属木、火、土、金、水，五音与五脏相通，即宫声入脾，商音入肺，角声入肝，徵声入心，羽声入肾。优雅美好的乐器节拍可以让人的五脏得以和鸣，七情得以抒发，潜移默化地归正心神、调和情志，达到润养身体、培育情操的功效。朱熹在《四书章句》中解："乐有五声十二律，更唱迭和，以为歌舞。八音之节，可以养人之性情，而荡涤其邪秽，消融其渣滓。"

礼乐造士是古代贵族教育的做法。相传，舜在任命乐官的时候，指示他教给贵族子弟音乐。帝曰："夔！命汝典乐，教胄子，直而温，宽而栗，刚而无虐，简而无傲。"翻译成现代文就是，帝舜说："夔！

任命你掌管音乐事物，负责教导年轻人，使他们正直而温和，宽大而庄严，刚毅而不粗暴，简约而不傲慢。"

古之诗，是要和音乐歌咏相结合的，所谓"诗言志，歌永言，声依永，律和声，八音克谐，无相夺伦，神人以和"。古人行礼时必奏乐，久而久之养成了君子文质彬彬之风度。孔子称"《诗》《书》、执礼"为雅言，终身不离琴弦，《诗》"三百五篇，孔子皆弦歌之，以求合《韶》《武》《雅》《颂》之音"。

和合生乐　学之所成

《孝经》言："教民亲爱，莫善于孝；教民礼顺，莫善于悌；移风易俗，莫善于乐；安上治民，莫善于礼。"圣人注重人伦教化，而礼乐是移风易俗、安上治民最重要的教化方式。《礼记·乐记》载："乐者，天地之和也。礼者，天地之序也。""礼"离不开"乐"，"乐"也离不开"礼"。"乐"除了指外在可听闻的乐曲，更有内在"和合生乐"之意。孟子言："仁之实，事亲是也；义之实，从兄是也。智之实，知斯二者弗去是也；礼之实，节文斯二者是也；乐之实，乐斯二者，乐则生矣；生则恶可已也，恶可已，则不知足之蹈之、手之舞之。"

上古之人身具道德，顺乎天地之礼序而行，后来道德衰败，不得不用"仁义"来化育人心。内在的仁义可以展现为外在的礼，同时外在的礼还可以"节文"（调节和纹饰）内在的仁义。《中庸》言："君子之中庸也，君子而时中。小人之反中庸也，小人而无忌惮也。"一个人无仁义而任意妄为，自然是一种小人行径；但一个人如果仅有仁义之心，可外在处事不能"时中"，做不到以礼"节文"之，也不能叫作君子。

当爱亲敬兄之礼以及由此衍生的一切人伦关系恰到好处，心中的和美喜乐也油然而生。就像阳光照进来时黑暗即刻消失一样，美好的感情一生起来，便没有什么事是令人厌恶灰心的了，于是不知"足之蹈之、手之舞之"。朱熹言："故学者之终，所以至于义精仁熟，而自和顺于道德者，必于此（乐）而得之，是学之成也。"可以说，乐发于心之和，是一个人心性修养和审美层次的体现。子曰："兴于《诗》，立于礼，成于乐。"学的最后的阶段是成于乐，乐教是文教的必修课，美育是学之集大成者。

故君子之于学也，藏焉，修焉，息焉，游焉。

5.5　什么是"劳逸结合"？

明德中藏　开智启慧

何谓"藏焉""修焉""息焉""游焉"？此处为对应上文的"时教必有正业，退息必有居学"。意思是：正式学习时，要勤修苦练，专心致志，开智明慧。课余时间，则要尽情玩学杂艺，实践所学，增长能力。休息时收敛心神，悠游时放松心智，藏修相辅，动静相和。《论语》云："志于道，据于德，依于仁，游于艺"与"藏焉，修焉，息焉，游焉"恰好一一对应，有异曲同工之妙。

"藏"有"种下""隐藏"之意。一个"志于道"的人，就会暗下决心、发大愿力，把本具的"明德"开显出来。朱熹在《大学集注》中说："明德者，人之所得乎天，而虚灵不昧，以具众理而应万事者也。但为气禀所拘，人欲所蔽，则有时而昏。然其本体之明，则有未尝息者。故学者当因其所发而遂明之，以复其初也。""明德"与生俱来，但却容易被"乌云"障蔽。而教育的本质就是使"明德"彰显，拨云见日，返归先天至真至善的境界，是为"明明德"。

修焉息焉　边劳边逸

"修"是日常生活中的"学而时习之"，通过"演习"正业所学，来提升心性与技能。学习应该张与弛有度，教与学平衡，理论与实践并行，严肃与活泼同在。一些生活自得其乐的人，经常做一些看似无用的事，比如弹琴、画画、写字、养花、唱诵等。表面看起来似乎在浪费时间，但因为他们懂得退与进、无与有的平衡，所以在生活的具体实践与领悟中，能获得比别人更多的智慧。

教学时应把握"藏"字，不偏离"开启本具的明德"这一主线，即便孩子在"修"的路上偶尔表现出阶段性的止步或退步，也不必着急。《道德经》言："曲则全，枉则直。"成功是曲线上升的过程，求直求快只能"欲速则不达"。孩子不是每个阶段都整齐划一的机器人，天资越是聪慧的孩子，越是机灵多变。他们自己需要有是非对错的体验，也需要周围人的信心与耐心。

"息"即是收敛心神，归根守静。《道德经》云："致虚极，守静笃，万物并作，吾以观复。夫物芸芸，各复归其根。归根曰静，是谓复命。"水清而月现，静极则识显，智慧由静定生发。静是息心宁神，"虽终日挥形而神气无变，俯仰万机而淡然自若"。会读书的人不会累，劳逸结合不是先劳后逸，而是边劳边逸。所谓"知之者不如好之者，好之者不如乐之者"。"乐之"是学人把所学内化成了生命的营养，灵魂得以提升，人格得以升华，劳即是逸。

轻得易失　多谋少成

"游"即是放松心智，不徐不疾。当代古琴家金蔚先生谈到传统书画学习，很值得我们思考。他的书法老师在教他时告诉他，字一定要坚持练，但是想练的时候就练，不想练的时候就不要练。这样就保持住了对写字的兴趣，长此以往，功力自然见风而长。而他一个同学从小被父母要求每天练习书法，到了高中自由了，就再也不想写了，因为一拿起笔，一对着字帖，那种烦恼不愉悦的感觉就来了。

他提到画《富春山居图》的黄公望，所有留下来的作品都是六十岁以后画的，而他七十多岁时画的《富春山居图》，前后花了七年的时间。即便已经接近人生的尽头，即使可能面临死亡，黄公望却一直慢慢地画着这幅画，一点也不着急。他有一种悠游和赏玩人世的心态，把七年的爱与感悟反复叠加到眼前这幅画，给予看画的后人持久的愉悦感。

北宋哲学家邵雍有《安分吟》诗曰："轻得易失，多谋少成。德无尽利，善无近名。"用在教育中也是极为贴切：学习要懂得悠游，快速学到的容易丢掉，心性和技能是需要时间的打磨的；智慧的父母懂得悠游，如果费心为孩子各方面谋划和安排太多，孩子有可能会倦怠原本喜欢的东西，不再主动为自己的人生负责；仁德之人懂得悠游，因为成仁成德不代表不会被误解；真正善良之人也懂得悠游，因为世人一时的评论如同风吹草动，日久人心现，时过英雄显。学习如果能藏能修，能息能游，人的一生便真如邵雍所言"如何不喜欢"了。

夫然，故安其学而亲其师，乐其友而信其道。是以虽离师辅而不反也。

5.6 "安学、亲师、乐友、信道"有多重要？

兴趣牵引　乐学安学

"藏焉，修焉，息焉，游焉"的必然结果，便是"安学、亲师、乐友、信道"。安，即安心、安住，呼应开篇"念终始典于学"。心念本是难以控制的，当一个人的心念开始安住于学，说明他已经尝到了学的意趣，乐学方能安学。《二程遗书》中也说："教人未见意趣，必不乐学。"可见，所有的学习都应当在快乐的心境中进行，以不伤害孩子的学习兴趣为前提，这是非常有必要的。

"游"的状态最能够发现孩子的特点和特长，而特长最容易引发孩子的兴趣。比如每个人都能写书法，但不是每个人都擅长的。每个孩子都有自己最拿手的才能，顺着这个才能帮助他、促进他，往往有事半功倍的效果。在这个过程中，父母师长要把握他心灵最柔软之处——"仁"，以圣贤之教触碰、感动和提升他，为其打下生命之基。同时要注意保护好孩子的自在天性。

此外，"乐学"并不等同于"学习不辛苦"。学习从体力上来说必然是辛苦的，而这种辛苦能让孩子体验生活的多面性，培养他们的忍耐力，调动其潜藏的天赋才能。重要的前提是，孩子有很强的求知欲，能够主动学习，不畏学习中的辛苦。也就是说，孩子是主动选择这一份辛苦而非他人强迫，他身体虽苦心灵却不苦，他是乐在其中的。这才是乐学的真正含义，而这种乐学正是安学的前提。

亲外在师　亲根本师

说到"亲师"，表面上看是"学生愿意亲近老师"这种结果，实际上"老师热爱学生"是原因，而且这种热爱是智慧的、印道的。如果老师不懂教育之道，也就不能作出教与学的合理安排；如果老师不是真正热爱学生、为他们全方位的成长考虑，也往往会"及于数进而不顾其安"；如果学生能有幸拥有一个可以"藏焉，修焉，息焉，游焉"的学习氛围，那一定是出自师者的智慧与爱。由此，学生能"亲师尊师"也就是自然而然的事。

此处"亲师"不仅是亲近老师，更是亲根本师、亲万物师。根本师即内在的良知仁德，仁德是可以润养身体的。《大学》云："富润屋，德润身，心广体胖，故君子必诚其意。"万物师则是天地万物、一草一木。《格言联璧》亦云："以虚养心，以德养身；以仁养天下万物，以道养天下万世。"万物皆是道的彰显，世间万物都在以不同的方式方法引领我们，我们敬畏万物，以万物为师，便是通达万法，博学亲师。

前文提到"伦常"之五伦，指的是人间的五种基本关系；"伦常"之五常，指的就是"仁义礼智信"这五德。从孔子提出来"智、仁、勇"三达德（知者不惑，仁者不忧，勇者不惧），孟子发展为"仁、义、礼、智"（恻隐之心，仁之端也；羞恶之心，义之端也；辞让之心，礼之端也；是非之心，智之端也），到汉代董仲舒扩展为"仁、义、礼、智、信"，成为"三纲五常"之"五常"的具体原则。

以德养身　以道取友

为什么德可以养身呢？《五德篇》说"五常"与五脏的对应关系："仁属木也，肝也；义属金也，肺也；礼属火也，心也；智属水也，肾也；信属土也，脾也。"心有五德，身有五经，天地有五行，皆缺一不可。"肝肺心肾脾"和"仁义礼智信"是相对应的，如果五常失常，就会导致疾病。《五德篇》里也同时阐述到"德包乎身，身包乎心，身为心用，心以德明，是身即心，是心即身，是五德即五经，德失经失，德成身成"。

孟子说："仁义礼智，非由外铄我也，我固有之也，弗思耳矣。"由于它们本身就是身体构成的部分，"非由外铄我也"，如果人们能够用"仁义礼智信"的语言、行为和心念去滋养自己，实际上就是在养护自己的身体。人生在世，身体最为宝贵，必须要好好爱惜，有了它我们才能完成诸如爱、梦想、志向、使命、幸福之类的生命体验。

《荀子》言："夫人虽有性质美而心辩知，必将求贤师而事之，择良友而友之。得贤师而事之，则所闻者尧舜禹汤之道也；得良友而友之，则所见者忠信敬让之行也。"由此可知，亲近贤师良友（安其学而亲其师，乐其友而信其道），在人生成长道路中有多么重要。

是以虽离师辅而不反也。《兑命》曰："敬孙务时敏，厥修乃来。"其此之谓乎！

5.7　为什么教育必须以仁德为本？

仁为全德　敬逊修德

孔子曰："道二，仁与不仁而已。"又曰："人能弘道，非道弘人。"我们的终极学习目标是成仁归道。如果道可以弘人，那么人人尽成君子，世世尽是治平，学不必讲，德不必修，就可以坐待道弘了，可事实并非如此。《中庸》云："苟不至德，至道不凝焉。"人需要主动去养德，才能在实践的体悟中信道，而后归道。

在孔子看来，仁是心之全德，虽是吾心之本有，也要下学以上达。如果平时对自己的念头与行为不加觉察与修勉，就会失去成全德、悟至道的机会。《礼记》云："仁者安仁，知者利仁，畏罪者强仁。"南朝皇侃的解释是，"知者利仁"，是知者从前面的教训或周围的例子中，了解了行"仁"的现实好处，是"见其行仁者若于彼我皆利"而行之，"若于我有损则使停止"，此"仁"还不是从他真性情而发。畏罪者则是害怕不良的后果加于自己而勉强行"仁"。

如果我们内心不情愿，只是迫于种种压力和外在强迫去行仁，并非"仁"的表现；如果认为只要做了善事就都是好人，这掩藏了"仁"的真义。稀里糊涂而不加辨别，等同于心智不明；心智不明，则无法提升自己、启迪他人，也无法促进社会风气的改善。"贤者以其昭昭使人昭昭"，教者有责任帮助学生了解"仁"的内涵，学人也有义务为了自己真实的进步而学习"仁"的本义。

"敬孙务时敏，厥修乃来"，"敬"是指"恭敬"，"孙"是"谦逊"，"务"表示"专注"，"时"强调时时刻刻，"敏"在说机敏、勤勉。对仁与道有这样一份体认后，就会升起恭敬与谦虚的心，时时勉励自己，一心精进不辍。

仁爱守正　应变创新

《了凡四训》云："善有真，有假；有端，有曲；有阴，有阳；有是，有非；有偏，有正；有半，有满；有大，有小；有难，有易；皆当深辨。为善而不穷理，则自谓行持，岂知造孽？枉费苦心，无益也。"行善既要内以仁爱守正（敬逊），又要外以应变创新（时敏，"时"亦有"正当其时"之意）。

一方面，助人为乐、同情不幸、怜惜弱者、庆祝幸福等，都应该是不假思索、从内心自发的高尚天性。另一方面，如果不能理性地认识现实情况、智慧灵活地加以处理，也可能造成"不善不仁"的结果。世间修学，对学人是一个极大的考验，也是极大的锻炼。

知者不惑，仁者不忧，勇者不惧。君子之道，以勇终其身、全其仁。君子求道当尊师，行道则无让于师。当一个人可以自省其心、勇于精进，便可以"强力而不反"了，即此处所说"离师辅而不反也"。

今之教者，呻其占毕，多其讯言，及于数进而不顾其安，使人不由其诚，教人不尽其材。其施之也悖，其求之也佛。夫然，故隐其学而疾其师，苦其难而不知其益也。虽终其业，其去之必速。教之不刑，其此之由乎！

5.8 错误的教学方式是什么样的?

施之也悖　求之也佛

由"藏焉，修焉，息焉，游焉"的过程，到"安学、亲师、乐友、信道"的结果，再到"离师辅而不反"的成就，这是我们期望从孩子身上看到的教育效果。同时《学记》也指出了教育中存在的问题，以示警醒。

现如今的教师，照本宣科，大量灌输（今之教者：呻其占毕，多其讯言）；只知赶进度，对于学生能否消化不管不顾（及于数进而不顾其安）；不能启发学生真诚的向学之心（使人不由其诚），学生也只是敷衍地完成任务；不能因材施教，学生的潜能也得不到充分施展（教人不尽其材）。

张载在《礼记说》里注解道："人未安之，又进之；未喻之，又告之，徒使人生此节目。不尽材，不顾安，不由诚，皆是施之妄也。"还没有领会旧内容就开始教授新内容，还没有充分启发学生就直接告诉他们道理，白白地使他们头脑中产生众多烦琐的条目，这违背了教育的规律（其施之也悖），也会令学生产生拂逆抵触之心（其求之也佛。此处的"佛"为拂逆之意）。

教者错误的心态与方式，导致了学生厌恶课业、埋怨老师（夫然，故隐其学而疾其师），视学习为畏途，而不知道受教育的好处在哪里（苦其难而不知其益也)。即使勉强结了业,也会很快忘得一干二净(虽终其业,其去之必速)。教学收不到应该有的效果,原因就在于此吧(教之不刑,其此之由乎)。

本立道生 任重道远

教育中出现的偏差似乎几千年来都是如此,现代社会存在的问题,在《学记》产生的先秦时期就已经存在。追求数量、追求速度,一味地灌输知识,用强力牵引拖拽,以完成任务为导向,学生苦不堪言,父母、老师也备受其累,反而离教育的初衷越来越远。

近年来时常有报道,学生考上名校后被退学,或者在申报国外名校时不受欢迎。他们在专业上很突出,但不知道如何与人打交道、表达自己、自我开拓和发展。为什么会出现这样的问题呢?

究其根本,是因为我们一直以来被错误的观念所导向,错误的方向导致了错误的行动,错误的行动导致了不希望看见的结果。"君子务本,本立而道生",教育之本在德不在术。古人教育所注重的"志于道,据于德,依于仁,游于艺",也应该作为我们现代教育的导向。为人父母师者如果能够即知即行,将是所有家庭和孩子的福音。

5.9 为什么要培养孩子的"诚"心?

不勉而中 不思而得

教学不得法的结果,这里还提到了一个"使人不由其诚",即,不能开发学生的诚心。现代人可能会有些疑惑:为什么要特地强调培养孩子的真诚之心呢?

《中庸》有言："诚者，天之道也；诚之者，人之道也。诚者，不勉而中，不思而得，从容中道，圣人也。"至诚之人便是圣人。"不勉而中，不思而得"，是智者达到天人合一之境时，自然生发智慧的能力。要到达这种合于道的境地，方法之一便是靠"至诚"的心。《中庸》提道："诚则明矣，明则诚矣"，"诚"是开启"明"的关键，"明"是智慧生发的前提。

我们都想让孩子变聪明，但是怎样才是正确的方法呢？如果非要说一个最快捷的方法，开启他本自具足的慧命便是。让他的心真诚、干净，不被世俗的各种邪知邪见污染，用正知正见涵养他的心性，他本身的慧命就容易打开。心越纯净、清明的孩子，也越聪明、有灵气，父母是不必担心他的学习的。张载言："人之才足以有为，但以其不由于诚，则不尽其才。"

父母在开启孩子"诚"心上能做的最有效的事，便是用自己的真诚去化育他们，灵魂唤醒灵魂，生命影响生命。"真者，精诚之至也。不精不诚，不能动人。"（《庄子·渔父》）这又回到前文论述过的要点，"自天子以至于庶人，壹是皆以修身为本。"

早觉早行　幸福为基

有孩子进入青春期的家庭，许多父母都面临着这样或那样的问题。其实在此之前就有了些苗头，因为"冰冻三尺，非一日之寒"，但只要严重问题还未发生，父母就可能疏于警觉。等问题发生的时候，比如学习成绩变差、拒绝社交、对父母态度恶劣、人生没有动力而持续"躺平"、玩游戏沉迷于虚幻世界、迫于环境而学习但不知道为什么学习、过于自卑但同时又骄狂不已……就已经很难纠正了。

我们希望养出优秀的孩子，但我们更希望这种优秀是充满生机与创造力的优秀，是满怀斗志与方向感的优秀。每个物种都有其求生的技能，每个孩子也都有其天赋才能。父母之间千万不可以比较孩子，每个孩子都不一样，非要让小狗去和猫比赛抓老鼠，只会造成心灵的痛苦和才能的错失。孩子养得好，不在于一时的成绩分数，不应该用统一的社会标准去比量他，而在于他一生的身心健康与自我实现，教人而能尽其材，《学记》称之为"长善救失"。每个孩子未来选择的职业不一样，但只要在朝着幸福的方向和积极的意义上发展就好。

我们不希望看到孩子把学习当作最想要抛弃的负担，出现"虽终其业，其去之必速"的情况，而希望他们"虽离师辅而不反"。我们没办法把考试的答案给学生、把生命的答案给孩子，但是我们可以辅助他们走上正轨，让他们自己去探寻。教育并不是仅仅传授有限的一些知识，而是要开启人的心智慧命，这样一个生命就可以自发地、积极地、持续地终身学习、终身获益。它应当以孩子的快乐为前提，以孩子的幸福为方向，以孩子的自我实现与价值发挥为旅程。

第六章　教之兴废

【本章略启】

　　此章以"大学之法"开篇，明确了本章的阐述重点——"大学之道"的教学方法。首先从正面入手，介绍了使教学兴盛的四个方面；接着又从反面入手，罗列了使教学荒废的六种原因。对比当下，有益之法有待传承学习、继续发扬，六处弊端值得发人深省、规避摒弃。

　　"君子"二字，首次明确阐释了成为一名合格教师的前提，必须为君子。接着针对君子的教学方法，着重加以阐述。其核心在于：喻。也就是在教育教学过程中，采用引导、鼓励、启发等方式方法。运用得当，师生关系更为融洽，学习氛围更为轻松，学生思考更为勤勉。

【原　文】

大学之法：禁于未发之谓豫，当其可之谓时，不陵节而施之谓孙，相观而善之谓摩。此四者，教之所由兴也。发然后禁，则扞格而不胜；时过然后学，则勤苦而难成；杂施而不孙，则坏乱而不修；独学而无友，则孤陋而寡闻；燕朋逆其师；燕辟废其学；此六者，教之所由废也。

君子既知教之所由兴，又知教之所由废，然后可以为人师也。故君子之教，喻也：道而弗牵，强而弗抑，开而弗达，道而弗牵则和，强而弗抑则易，开而弗达则思。和易以思，可谓善喻矣。

【时牧解】

禁于未发之谓豫。发然后禁，则扞格而不胜。

6.1　防患未然，还是亡羊补牢？

禁于未发　归仁为本

解决问题的最佳时机是防患于未然，还是过后亡羊补牢？理性上，我们都知道要防患于未然，但在实际生活中往往亡羊补牢的情况居多，究其根本，就在于没有真正意识到"禁于未发"的重要性。真知定有真行，无行等于不知。

"禁于未发之谓豫"的"豫"，通"预"，即预防的意思。此处强调，教育贵在提前防范，能够在问题发生之前进行预判，并及时介入。《中庸》云："凡事豫则立，不豫则废；言前定，则不跲；事前定，则不困；行前定，则不疚；道前定，则不穷。"如果事先对基本的原则心中有数，那做事时就不会感到困惑，也可以提早觉察事情是否偏离了轨道，进而采取补救行动。

对于教养孩子而言，事先确定好的基本原则应该是什么呢？牵"仁"是关键，归"仁"是根本。要让孩子喜欢学习，要帮助孩子成为大才，父母师长最重要的任务就是注重对"仁"的启发，即良知良能。"志于道，据于德"是教育的起点，"依于仁，游于艺"是教育的归宿，在这个向学的过程中，对于可能出现的人性中的偏差，需要"禁于未发"。正如《三国志》上记载的："明者见危于无形，智者规祸于未萌。"

孟母教子　智断机杼

被后世尊为"亚圣"的孟子，三岁开始由母亲独自抚养。"昔孟母，择邻处。子不学，断机杼。"即是颂扬孟母能够及时发现孩子的问题，果断采取行动，加以纠正。孟母三次搬家，只为给孩子提供一个良好的教育环境。这个教育环境并非我们现代人认为的外在的物质条件，而是注重周边接触的同伴是否品性淳厚、行为端正。"近朱者赤，近墨者黑"，孩子经常接近德高身正的人，或者经常阅读经典，自然会触发他内在的良知良能，带动他的思想和行为归于纯良，这便是一种"禁于未发"。

孟子童年时期有一段时间厌弃读书，很早就放学回家，孟母觉察到这个迹象，当孟子又一次提前回家后，孟母当即用剪刀剪断了正在织的布匹。她想用生动的例子教育孩子，读书如同织布一样，需要日积月累的勤奋与坚持，如果懒散怠惰、半途弃学，就如同这匹截断的布一样，无法成为有用之物，只能弃之。对当时贫苦家庭的母子而言，"断机杼"是一种昂贵的代价，但童年孟子正是从这一果决的举动中，感受到母亲的苦心与坚定。此后，他发愤笃志，朝夕勤学，成为孔门心法的继传人。

父母是孩子的第一任老师，能否对孩子的偏颇言行"禁于未发"，取决于父母是否有足够清明的心发现孩子的问题，也取决于父母是否有决心和智慧解决问题。孟母仁心感召孩子向上志学的自性本心，而不是采取指责或怒骂的方式，为我们树立了教育的典范。

规矩收心　礼乐启仁

现在很多家庭因为害怕孩子哭闹或者担心孩子受委屈，而不加思辨地随着孩子的性子放纵孩子，等到日后积习难改再想纠正，就"扞格而不胜"了。孟子说："离娄之明，公输子之巧，不以规矩，不能成方圆。"告诉我们即使有离娄那样的视力、公输那样的技巧，如果不用圆规和方尺，也不能准确地画圆画方。

再好的天资才华，也需要用规矩来加以修整，没有规矩的家庭比贫穷的家庭更可怕。百年前，梁启超曾在他的教育演讲中慨叹："天下最伤心的事，莫过于看着一群好好的青年，一步一步地往坏路上走。"屈原说："何昔日之芳草兮，今直为此萧艾也！岂其有他故兮，莫好修之害也。"那具体应该从哪些方面"好修"呢？

清代著名文人纪晓岚担心"妇女心性，偏爱者多"，写家书于夫人，嘱咐孩子要遵循"四戒""四宜"的要求：一戒宴起（晚起），二戒懒惰，三戒奢华，四戒骄傲；一宜勤读，二宜敬师，三宜爱众，四宜慎食。这是用"礼"的规矩加以约束，使人收摄其心，不放纵其身。另外，古人还用"乐"的和谐来熏陶性情、涤荡邪秽。礼乐之教并不是刻板形式、教条主义，它的本质是为了开启和恢复内在的"仁"心、使人护善念。

更确切地解释，"禁于未发"：是在坏念头升起来之前就阻断它；"扞格而不胜"：是坏念头已经升起后，可能就直接转变为人的各种言行；"莫好修之害也"：是没有时时觉照念头，觉念、正念、净念，没有"念终始典于学"。

当其可之谓时，时过然后学，则勤苦而难成；

6.2 把握时机，还是错失良机？

人生之时　教育之时

"当其可之谓时"，即是在恰当的时机，进行恰当的善导，助其顺势而为地成长。我们不妨对这个"时"从长到短地观察，看看不同的教学之"时"需要怎样来把握。

就个体而言，最长的"时"便是一生。孔子曾这样描述他的一生："吾十有五而志于学，三十而立，四十而不惑，五十而知天命，六十而耳顺，七十而从心所欲，不逾矩。"这里的年龄只象征阶段，但基本代表了人生的递进层次：少时志于学了吗？三十人生立起来了吗？四十活明白了吗？五十知道自己的天命所在了吗……圣贤是一个坐标，让我们能参考和发现人生的差距，反思自己有没有在人生最恰当的阶段，完成该有的成长。

对于孩子的教育，同样也要当其"时"。幼儿养性，童蒙养正，少年养志，成年养德，在每个阶段都有它相应的教育重点，时过则难成。

幼时如果没有受到正念的熏陶，没能够童蒙养正，如同长歪了的小树，后面就很难长回来；少年时如果不能立下人生志向，将会成为失去方向与灵魂，成为漂泊游荡的躯壳；成年时如果不能养德，则向外无法建立起良性的人际关系，向内难以找到心灵真正的安定……教育有其基本的规律，违背了规律，也就"勤苦而难成"。

大学之时　变化之时

再将"时"映射到古之大学的教育阶段上，"一年视离经辨志，三年视敬业乐群，五年视博习亲师，七年视论学取友"。可见，阶段不同，对学生的学业及心性培养的目标也不同，由易到难，逐步养成。"时"再缩短，也有"时机"之意，教育同样要抓住时机。时机把握得准，便是"当其可"；把握不住，便丧失良机。这里的良机，并非"越早越好"，而是根据孩子的阶段状态，因时制宜；根据时代发展的特征，与时偕行。

子曰："不愤不启，不悱不发。"教师在教学过程中，要善于因人而异，把握施教的关键时机，激发学生的求知欲。当学生主动探索、积极思考之后，"心求通而未得，口欲言而未能"之时，给予及时教育点化。"不待愤、悱而发，则知之不能坚固；待其愤、悱而后发，则沛然矣。"点化太早，学生还没有自己思考过，即便老师讲得再多，学生吸收的也不好。"待其愤、悱而后发"，既要求老师非常了解自己的学生，也要求老师有足够的智识广度与专业深度。

当今信息时代要做好老师，除了"慈爱温暖、进德修身"是根本，教师还需要拥有自己职业生涯的长期和短期发展规划，以激励个人最大程度地调动潜能和发挥才干。教师需要在知识功底、教学能力、教学态度、教学方法上持续进步更新，既成为学生终身学习的榜样，也成为时代的应变者、创新者和引领者。

不陵节而施之谓孙。杂施而不孙，则坏乱而不修；

6.3 循序渐进，还是拔苗助长？

杂施不逊 得不偿失

"不陵节而施之"和"学不躐等"意思相近，就是教育不能越过该有的顺序。"杂施而不孙，则坏乱而不修"，是指违背了教学循序渐进的规律，则难以学修。《孟子》也说："助之长者，揠苗者也，非徒无益，而又害之。"

在当代，我们对孩子优秀与成功的定义过于标准化和单一化，赋予了高考与名校太重大的使命、太绝对的意义，以成绩高低区分孩子优劣胜负，以至于把对孩子全优培养、挤进名校的焦虑不断提前，提前到了小学甚至幼儿阶段。孩子们不得不提前学很多内容，这样的超前学习，或许能提高分数，短暂地领先一段，但透支了孩子的身心，很有可能会引起各种心理问题，从长远看得不偿失。

超前学习还可能给孩子带来其他问题，比如学多识不足，徒增傲慢心。其实越是谦虚，内心私意偏好越少，越容易沉下心来广泛吸收，也越容易有成就。《近思录》里说："大学之法，以豫为先。人之幼也，知思未有所主，便当以格言至论日陈于前，虽未晓知，且当薰聒，使盈耳充腹，久自安习，若固有之，虽以他说惑之，不能入也。若为之不豫，及乎稍长，私意偏好生于内，众口辩言铄于外，欲其纯完，不可得也。"在幼小的时候，知识思虑无所偏主，就应该每天让他听到圣贤格言至论。尽管他还不明白，也应当再而三地让他听，让他受其熏染，使他满耳满腹都是这些话。时间一长，自然形成习惯，渐渐照着格言至论去做，其品性就像天生本有的。

知止定观　重新定位

如今的网络时代，信息便捷，由各种有意无意地教育攀比所引发的恐慌、嫉妒、担忧、贪求、焦虑等情绪也在迅速蔓延。人们抱怨教育竞争的车轮无情地碾压着每个人的幸福，但每一个参与和陷入攀比的人，难道不"既是受害者，又是加害者"么？

《大学》言："知止而后有定，定而后能静，静而后能安，安而后能虑，虑而后能得。"教养的道理也在其中，只有一颗安定的心才能真正有所虑、有所得，而安定的心来源于"知止"。不拿自己的孩子和别人的孩子相比较，也不拿自己和其他父母相比较，主动放弃攀比，找回属于孩子和自己的人生节奏，这极大地考验为人父母的智慧、耐心和定力。

陪伴孩子的成长给了我们一个重新自我教育的机会。我们有怎样的渴望和需求，我们就会有怎样的不安和恐惧，这些经常会投射在孩子身上。我们能心态平和，保持正知正见，孩子都能接收到。《论语》言："以约失之者鲜矣。"能自我认识和自我约束的人，不容易被外界的各种妄念牵制，心可以长久地处在静定之中而能生其智慧，有这样的智慧，就能照见事物的本质，也能清楚自己的定位而不随波逐流，行事便鲜有过失。

心性质朴　随物赋形

父母要努力引导孩子的心性归于质朴纯真，创造环境让他们可以在"藏焉，修焉，息焉，游焉"的状态下进退有度，鼓励他们拥有自己的爱好和个人选择。如果孩子一直生活在被认可、被理解的环境中，父母能开明地支持他们广泛经历和体验生活，而且去帮助他们发现和打磨属于他们自己的天赋才能，孩子的人生便会后劲十足，越来越开阔。

孩子发展的优劣不是短时间内从外在的学业成绩去判断的，而是明确教育本质与规律后，对生命发展的全然相信与坚定而得出的。

在这个风云巨变的时代，未来的一切都是难以预测的。我们无法根据假定的未来需求去培养孩子目前的技能，能做的是提升孩子的生命状态，使得他们将来不管身处哪个行业或岗位，都能快速学习，适应环境，胜任工作。培养心性、拓展思维、开发潜力、增进学习力，孩子能"随物赋形"，这是当前教育能够对未来做的最好的准备。

相观而善之谓摩。独学而无友，则孤陋而寡闻；燕朋逆其师；燕辟废其学；

6.4 切磋琢磨，还是孤陋寡闻？

向外切磋 向内琢磨

"相观而善之谓摩"，"摩"表示研究和切磋，即在求学的过程中，师友同学之间互相学习、取长补短。"有斐君子，如切如磋，如琢如磨。"切磋是与人切磋，一个人需要在人际互动中照见自己的不足，发现自己的特长。《学记》云："独学而无友，则孤陋而寡闻。"琢磨是自己反躬内省，一个人需要对自己诚实，不断地打磨内心这块璞玉，常保其光泽。《孟子·离娄上》云："诚者，天之道也；思诚者，人之道也。"

"燕朋逆其师；燕辟废其学。""燕"字意为居住，引申为执着；"朋"，引申为外在，世间天地万物，无不是"朋"。"燕朋"指执着外在事物。"师"，乃为自性，所谓"自性本师"，就是人的清净本性、良知。"辟"，引申为内在，也是清净之意。"燕辟"指执着于独居清净。"学"，理解为世用，与世界打交道，与"学而不思则罔，思而不学则殆"中的"学"字相通。

如果贪着于外在的万事万物，本性不容易开发，也就会掩盖良知，即"逆其师"。如果执着于独居清净，厌倦俗世矛盾，不想与红尘世界打交道，无所追求，无所作为，则"废其学"——这种情况下，学了又有什么用呢？古人之学，讲究"经世致用"。师者亦要把握此重点，圆融中道，不可偏颇。

教人教真　养人养心

现在的家庭中，有的孩子比较孤僻，倾向于自己玩儿；有的孩子则过于活泼好动，静不下来。这些现象也有先天性情原因，但不一定是孩子性格的问题，父母师长要做孩子人生的引导者，在了解和尊重孩子天性的基础上，培养孩子善良的品格，为幸福人生奠定基础。

子曰："不得中行而与之，必也狂狷乎！狂者进取，狷者有所不为也。"孩子们的性格发展，我们暂且可以用"狂""狷"来观察，并非刻意分门别类，而是人的性格在某些方面经常表现出相反的倾向。有陷于外在纷繁者，也有闭门固守清净者；有"进取"狂者，也有"不为"狷者。孔子被称作"圣之时者"，孟子说他是"集大成也者，金声而玉振之也"，是说他不偏执。"时"即变化，世间一切事物无不是在变化之中。

在这变化之中，不变的是内心的清净。古语云："夫天地之间，为人最胜最上者，贵于一切万物。人者，真也，正也，心无虚妄，身行正真，左'丿'为真，右'丶'为正，常行真正，故名为人。"陶行知先生曾说教育之道："千教万教，教人求真；千学万学，学做真人。"无真不成人，无诚不入圣，这是教育之根。养这个根就是养孩子的真心，这是幸福生活的根本。

中庸而行　调御矛盾

"狂"与"狷"，"燕朋"与"燕辟"，都失于偏执，需要相观而善之，把观念磨正,把人心磨平,把做事磨中。这些都要在与人的交往中经历、思考和行动,"学而不思则罔,思而不学则殆",人需要在人群中磨炼成长,也必是在为大众服务中成就圆满。

教师是太阳底下最崇高的职业,他们需要以仁爱之心看到孩子们自性圆满,同时也需要以智慧之识帮助孩子们自我完善和持续更新。孔子提倡"中行而与之",依照中庸之道而行,就是"中行"。现在很多人将中庸理解为"和稀泥""无原则""老好人",这都违背了圣贤的本意。

郑玄诠释《中庸》云:"名曰中庸者,以其记中和之为用也。庸,用也。"红尘应世,以"适宜"为用,不过激也不懈怠,既不是狂放夸张、激烈进取、不思后果(狂者进取),也不是耿直不屈、不合世俗、执拗不为(狷者有所不为)。至诚为先,修身为本,"可以仕则仕,可以止则止,可以久则久,可以速则速","无可无不可",这才是"中庸"的本质。所谓"智者不辩",世界是阴阳二元所构建的,一切无不在矛盾是非之中。学习圣贤教育,体证中庸智慧而调御矛盾,亦是学人幸福生活的必要条件。

此四者,教之所由兴也。此六者,教之所由废也。

君子既知教之所由兴,又知教之所由废,然后可以为人师也。故君子之教,喻也:

6.5 优秀的老师是什么样的?

经师授业 人师传道

教育工作者如果把握了"如何能兴教育,而怎么又会废教育"的大道，就可以针对不同情况实施具体的教育了。开篇为"君子"二字，明确阐释了成为一名合格教师的前提，是必须成为君子。古代把教师分为"经师"与"人师"两类。南宋史学家胡三省称："经师，谓专门名家，教授有师法者；人师，谓谨身修行，足以范俗者。"

2014年习近平主席在北京师范大学的座谈会上，有一段经典的话："唐代韩愈说：'师者，所以传道授业解惑也。''传道'是第一位的。一个老师，如果只知道'授业''解惑'而不'传道'，不能说这个老师是完全称职的，充其量只能是'经师''句读之师'，而非'人师'了。古人云：'经师易求，人师难得。'一个优秀的老师，应该是'经师'和'人师'的统一，既要精于'授业''解惑'，更要以'传道'为责任和使命。"

"君子之教，喻也"，是说，要引导学生成为君子，老师首先应该是"有道"者，然后才可以"传道"，以心印心。这样的人师在动静语默间，无处不在彰显其人格魅力，"师也者，教之以事而喻诸德者也"。

另外，正如君子是一个不断成长的过程，而非一劳永逸的结果，老师也是在志道向学的过程中"教学相长"、不断成就的。陶行知先生说："出世便是破蒙，进棺材才算毕业。"

知者动乐　仁者静寿

君子之教，其核心在于：喻。"喻"可以理解为"开示"，也就是在教育过程中采用引导、鼓励、启发等方法。"喻"运用得当，师生关系更为融洽，学习氛围更为轻松，学生思考更为勤勉。为了能"喻"，师者除了要印道，还要了解"教之大伦"，更要清楚针对不同的孩子采用不同的策略方法。

优秀的老师能够自省自励。自省自己之不足，改过以求进步。所谓"知者动"，这样的老师思想活跃而善于行动，教学应用灵活而不拘一格；而后能"知者乐"，他们发挥自身优势，勇于尝试创新，懂得及时倾听反馈，改进自身不足。在不断开发、提升自己的过程中，也在感染学生发掘自己的潜能。

对自己最好的爱，是能够让自己于外界的千变万化中仍然保持一种心安满足的状态。所谓"仁者静"，师者对自己珍爱的、安身立命的东西，有一种不变的人生承诺；而后能"仁者寿"，看淡利害得失，真正对人生采取宽容大度的态度，无私无畏地真心拥抱这个世界，任凭风浪起，稳坐钓鱼船。

热爱教育　懂得孩子

优秀的老师是爱教育、懂教育的。当他懂得自己之后，就能知道自己适不适合做教育、想不想做教育、喜不喜欢做教育。如果真心热爱教育，则教育不再只是一门职业，而是能让生命发光发热、情之所牵的地方。不断沉淀"教之大伦"等教育智慧，将全部的激情专注地挥洒在这一片热土，假以时日，必然收获丰硕的成果。

优秀的老师是爱孩子、懂孩子的。每个孩子都是一个独特的生命个体，爱孩子的老师不仅会用"眼"更会用"心"去看孩子。真正看见孩子就能懂孩子，懂孩子就能知道如何针对不同的个体、不同的阶段循循善诱、谆谆开示，也能够根据每个孩子的天赋特点给予辅助和支持。

孟子曰："君子有三乐，而王天下不与存焉。父母俱存，兄弟无故，一乐也。仰不愧于天，俯不怍于人，二乐也。得天下英才而教育之，三乐也。"（《孟子·尽心上》）孟子认为人生有三大乐事：一是父母兄弟俱在，二是问心无愧，三是得到天下的英才去教导他们。教育是对国家富强、对社会和谐、对生命幸福负有重大责任的工作，教师也是世上最值得尊敬的群体之一。

道而弗牵，道而弗牵则和。

6.6 你必须这么做，是因为我为你好？

拒绝牵拉 警惕控制

我们是喜欢被别人牵着拽着走呢，还是喜欢别人建议方向后自己往前走呢？我们是喜欢被领导编排好了干活儿的步骤，然后拉着扯着、特别被动地做事儿，还是喜欢他给我们指明了目标，然后我们自由自主地做事儿？相信大部分人都会选择后者。我们都喜欢有自我掌控感，能承担起自己该负的责任；也都有自己的人格边界，不愿意别人过多干涉；更是打心底里不喜欢被别人控制的感觉。

孔夫子说"己所不欲，勿施于人"，我们既然不喜欢被别人控制，那么孩子同样不喜欢被父母控制，学生同样不喜欢被老师控制。每个人都有独立的人格，都希望能得到别人平等的对待和发自内心的尊重，而不是强施号令。

有多少美其名曰的"爱"，打着"我为你好"的旗号，其实是越界的干涉与不平等的控制。《学记》在这里就告诉我们，教育要"道而弗牵"：引导而不是牵拉，帮助而不是控制。既然人性的平等规律如此，那么教育就要顺应规律，这也是"道法自然"的体现。

上下相和 无绳之线

"道而弗牵"最大的妙处是什么？答案是："和"，是老师与学生的"和"，是父母与孩子的"和"。在一个没有强力控制的场域里，大家一团和气，交流是平等自由的，人的心自然是敞开的。氛围如此良好，那么亲师、尊长、孝亲便是从心底自然流出的情感和行为。《礼记·祭义》言，"孝子之有深爱者必有和气，有和气者必有愉色，有愉色者必有婉容。"如果父母师长能够做到"道而弗牵"，不用自己的人生期待去牵引孩子，不用自己的认知思维去框住孩子，而是以身示范、依道而行，对孩子的人生予以细心的观察与扶助，给予孩子信心与支持，孩子内心的爱会自然而然地涌出来。

这种"爱的链接"其实就是无绳之线。孩子对父母表现出本性里就有的信赖和热爱，愿意靠近父母、倾听父母，不做让父母伤心的事。

我们可以说，小爱爱其身，大爱爱其心，至爱爱其志。也就是关照孩子的身体和情绪，给予孩子无条件的温暖和慈爱，帮助孩子树立人生的高远志向，上有慈道。古语云："小孝孝其身，大孝孝其心，至孝孝其志。""孝其身、孝其心、孝其志"的孝道，是人性本有、无需外力的。上下相和有亲，孩子感恩父母对自己的温暖照顾，感知于生命的自由与无限，生发出向外拓展的好奇、喜悦和勇气，这都是父母师长欣慰乐见的。

强而弗抑，强而弗抑则易。

6.7 禁止你这么做，是因为我更权威？

温和坚定　中正有力

"强而弗抑"和"道而弗牵"都是不过度用力、不过度控制的意思。只不过"弗牵"是不硬拉，"弗抑"是不硬压，"强而弗抑"是有原则但不霸道，有力度但不打压。

为什么需要"强"呢？人非圣贤，孰能无过？人都是在犯错中成长的。过而能改，善莫大焉。父母师长要协助孩子认识、改正错误。正如民众需要德风的化育，也需要法律的惩戒，孩子同样需要德行的熏染，也需要规矩的约束。父母师长如果太软弱无力，就会纵容孩子的顽劣；太严厉勇猛，也会压抑孩子的真性情。怎样做到中正有力、不偏不倚，又能恰到好处地解决问题，这就考验着父母师长的智慧与能力。

《学记》提出了"强而弗抑"的原则。我们经常听到"温和而坚定"这个词，师者在面对孩子的错误与问题时，就应当采取这样的态度与说话的方式，这是"强而弗抑"的表现形式。与其说"强而弗抑"是方法，倒不如说它是心法，方法若缺乏了心法的支撑，往往就会沦为手段与套路，只能起到短暂的作用而不能长久。

平等尊重　合理明辨

那么"强而弗抑"来源于怎样的心呢？它既有对孩子的平等尊重，也有对是非的合理明辨。平等尊重，便不会出现打压的情况，但凡孩子有一点点进步，都心生欢喜，都鼓励他；明辨是非，便有清晰的对错原则，如果孩子行为不当，也要"动之以情，晓之以理"，表明立场和确立规范。用这样的教育方式指导孩子，孩子会心悦诚服地接受，不会受压抑，也不会视学习为畏途而避之不及，就是"强而弗抑则易"，容易的"易"。

孔夫子便是一位"强而弗抑"型的师者，《论语》中形容夫子"子温而厉，威而不猛，恭而安"。夫子是威严的，但又是温和的；他德行庄重威严会让学生不敢越界，但学生也不会心生恐惧与压抑；他对所有人都尊重与恭敬，内心安宁坦然。他是"中庸"之德的典范，他并不是老好人的样子，而是行为进退有度。子夏曰："君子有三变：望之俨然，即之也温，听其言也厉。"望之而有威，近之而亲切，听教而启诚，老师的各种"相"是真实自然地流露，也是随应场景的适宜教化。

学生在这样的老师的指导和影响下，是积极向上的，也是自我约束的。"亲其师，信其道；尊其师，奉其教；敬其师，效其行"，心上无障碍，行上无犹疑，学习的旅程也会变得快乐而容易。

开而弗达，开而弗达则思。

6.8 直接给你结果，是因为我很厉害？

体验过程 拥抱可能

人生是不断体验的过程，酸甜苦辣各有滋味，高低起伏也各有风景。人们孜孜追求的众人仰望、外在辉煌，并不能与人生的幸福和成功画上等号。对个人而言，成功是人生独特经历的无限展开。如果一个人一路是带着竞比的焦虑与惶恐冲向终点，那即使最后到达了高峰，对他本人的一生来讲，成功又有什么意义呢？

学会体验人生旅程中的快乐，对孩子和成年人同样重要。求学对孩子并非是为某个终点铆足了劲儿"准备去幸福"，而应是"体验当下幸福"的过程。在一次次探索中，积累点点滴滴的经验与教训；在一次次失败中，不断积累自我挑战的勇气；在每一次的成功中，积累自信与内心的力量。孩子们体验了学习与生活的多姿多彩，他们借由各种经历认识自己、认识社会、认识自然。他们也能运用这些积淀起来的信心和方向感，去拥抱一个充满不确定性、同时拥有无限可能的未来世界。

既然每个人内心真正渴望的是体验"过程"，那么作为家长与老师就不要剥夺孩子自由体验的权利，不要直接带他们到达目的地。所谓"开而弗达"。"开"，即启发、帮助与鼓励；"弗达"，即是不包办，不代替，不要直接给结果。

鼓励思考　静静陪伴

为什么大多数学霸父母养不出学霸孩子？为什么多数勤快能干的妈妈养不出勤快的孩子？究其根本，是因为父母选择了代劳、包办，直接给出答案。所以即使大人再厉害，知道每一题该怎么做，懂得运用各种解题方法，也要稍安勿躁，慢慢地等待，静静地陪伴，切不能替孩子完成，而是要在孩子确需帮忙的时候，稍微点化一下，这时的他才会豁然开朗，真正受用，因为他体验了探索的过程。

"开而弗达"有何意义？"开而弗达则思。"《孟子·离娄下》云："君子深造之以道，欲其自得之也。自得之，则居之安；居之安，则资之深；资之深，则取之左右逢其源，故君子欲其自得之也。"张居正解释："夫学非自得，则心与理不相融贯，居之必不能安；既自得矣，则心与理一，理与心会，精神凝定，外物不得而摇夺，居之岂有不安？"

孩子只有主动思考，亲历其中滋味，自己有体验才是真收获，自己有体悟才生真信心，而后能精神凝定，外物不可摇夺。有疑是启慧之门，解疑是开慧之路。

和易以思，可谓善喻矣。

6.9　达到怎样的效果，可以称为"善喻"？

把心打开　知和而易

什么样的是好老师？什么样的是好家长？在此，可用一词概括——"善喻"。"善喻"的人能够做到"道而弗牵，强而弗抑，开而弗达"，就是"循循善诱启发孩子向前，严格要求却不控制压抑，帮助鼓励而不直接给结果"。做到如此，孩子就能"和易以思"，在和谐的气氛下不畏学习，能轻松地面对挑战，愿意主动思考、积极进取，从而能自发向上地成长。

从中总结出一个原则，如果要让孩子保持在最佳状态，就是协助他时时"把心打开"。这是一种积极的心理状态，它是向上生发的、愿意分享的、充满喜悦的，也是乐于主动思考的。而且，因为教育者本身充满了慈爱与平等心，不会对孩子进行评判，更不会宣泄自己的情绪，所以孩子即使被批评、被惩罚，也不会因此关闭心扉，他们愿意接受批评，也愿意改正错误。

孩子如何才能"把心打开"？其关键就在于教育者本身的心是敞开的，他创造了一个无碍的沟通场域，他用自己的真诚去开启孩子的心，用自己的生命去影响、感化孩子的生命。为什么孩子愿意听一些人的教导而拒绝另外一些人，即使此两者都在讲着同样的道理？问题往往不在孩子而在教育者本身，因为教育者的心敞开程度是不同的，与孩子的心贯通程度不同，所以呈现出的沟通效果也是不同的。

和易以思　至诚而化

清代刘沅写道："和，喜于渐入；易，易于上进；思，自生体悟。"当教育者的心与孩子的心相融无间时，孩子内心便由和而生喜，由喜而无畏，由勇而能思。叶圣陶先生曾说："世界之广大，人类之渺小，赖有想象得以勇往而无惧怯。儿童在幼年就陶醉于想象的世界，一事一物，都认为有内在的生命，与自己有紧密的关联，这就是一种宇宙观，对他们的将来大有益处。"教育者的心广博而智慧、敞开而接纳，便能够带动孩子们把世界当作有生命、有关联、有感觉的整体，鼓励他们勇于发挥丰富多样的想象力与创造力。

《孟子·尽心》云："可欲之谓善，有诸己之谓信，充实之谓美，充实而有光辉之谓大，大而化之之谓圣，圣而不可知之之谓神。"人们对"善"人、"善"事会自发地升起欢喜心；能够在自己身上时时实践这种善，己"信"、人"信"为真；行之有恒，方寸之中快乐充盈，则章含内"美"；这种美渐渐充蓄，诚于中而形于外，畅于四肢而"光辉"通透；发于事业而不可遏止，高明广大以至于"化民成俗"。这样的教育者行的是"不言之教"，成的是"百世可师"。

　　人的本质是真善美，世界的本质是真善美，艺术的本质是真善美，教育的本质亦是真善美。教育看似是一场通往未知远方的出发之旅，实则是一条归于本然道心的回家之路。"善喻"的好父母、好老师是开启孩子慧命的关键，而"善喻"不仅仅关乎教育的方法，更关乎教育者自身的觉悟与修为。至诚的心是通往"道"的法宝，也是解开心灵之锁的钥匙。《中庸》云："唯天下至诚为能化"，能化者方为"善喻"也。

第七章　长善救失

【本章略启】

本章开篇看似在说学生易犯的四种过失，实则也是强调教师需要熟知学生的这些过失，同时还要深入了解出现这些过失的根本原因，以及如何解决和挽救，从而更好地教育好学生。

结尾处明确了作为一名优秀教师，务必要使自己的志向得到继承和发扬。

【原 文】

学者有四失，教者必知之。人之学也，或失则多，或失则寡，或失则易，或失则止。此四者，心之莫同也。知其心，然后能救其失也。教也者，长善而救其失者也。

善歌者，使人继其声；善教者，使人继其志。其言也，约而达，微而臧，罕譬而喻，可谓继志矣。

【时牧解】

学者有四失，教者必知之。人之学也，或失则多，或失则寡，

7.1 学得越多越好吗？

家风改变 孩子改变

孩子在学习过程中最容易犯的四种过失，作为父母师长是必须要清晰了解的，否则便无法达到施教的目的。我们经常会听到很多声音，比如："多多益善，越多越好！""不能输在起跑线上！""笨鸟先飞！""比你学习好的人，比你更勤奋！"……由于现代生活的忙碌与繁杂，许多父母没有时间静下心来，去辨析这些声音对自己的影响，很可能在某种朦胧的、担忧的心理中，迫使孩子学习更多的内容。

目前，社会风气和学校体系的确是存在过度攀比和竞争的倾向，

但要一下子去改变学校和社会积久而成的风气，是比较困难的。许多家长心中洞若观火，看清了我们"拔苗助长""无限攀比"的教育现象：虽然分数线提高了，但孩子的身体素质却降低了；虽然应试技巧提高了，但解决实际问题的能力却降低了；虽然激发了弱肉强食的竞争意识，但破坏了和谐仁爱之本的本性；到最后培养出来的都是精致的利己主义者，折煞了民族的高贵灵魂。

《格言联璧》言："人之心胸，多欲则窄，寡欲则宽；人之心境，多欲则忙，寡欲则闲；人之心术，多欲则险，寡欲则平；人之心事，多欲则忧，寡欲则乐；人之心气，多欲则馁，寡欲则刚。"有人因为贪念重，所以想要更多；有人因为怕落后，所以不敢不多；有人因为没主见，所以只能随大流。父母对孩子的影响是最大的，父母改变，家风就能改变，家风由此向外延伸，进而会影响社会风气的转变。

审视内心　正向影响

父母的心态、对教育本质的理解、对孩子教育方向的把握，能从根本上帮助孩子健康地成长、成才。这并不意味着父母要把自己变成一个无所不能的教育专家，而是父母如果能了解教育的本质和规律，并且不断提升自己的心性与生命状态，就不会盲目地被风气和潮流影响，从而给孩子创造一个稳定舒适、向学不辍的良好环境。

《道德经》云："治人事天，莫若啬。夫唯啬，是谓早服；早服谓之重积德；重积德则无不克；无不克则莫知其极；莫知其极，可以有国；有国之母，可以长久；是谓深根固柢，长生久视之道。"不管是对外的人际交往，还是对内的养护身心，关键在于厚藏根基、爱惜精力。"夫唯啬，是谓早服"，厚藏根基、爱惜精力，需要早做准备。但做的准备并不是"填鸭式"地让孩子早早学习许多知识，而是"重积德"，蕴养孩子善良光明的本心，培养他与天地万物相亲相爱的能力。

有人会问，孔夫子不是一直教我们要"好学"、要"学而不厌"吗？这不也是一种"贪多"吗？首先，我们在内心对自己要有一个认识。要弄清楚"学而不厌"是出于对知识的贪婪之心、执着之心、攀比之心，还是出于真诚之心、谦虚之心、向善之心呢？前者源于内在的恐惧，后者则发自内心的清净；前者是结果导向的，后者是过程导向的；前者令我们患得患失，后者让我们坦然。其次，夫子所说的好学，指的是生命状态的不断提升，《易经·乾卦》言："君子进德修业，欲及时也，故无咎。"圣贤教育教的是以"学如不及，犹恐失之"的心态汲汲进取，这里的"恐"是如临深渊、如履薄冰的谨慎，是出于对内在修养的"终日乾乾，夕惕若厉"，而非对外在结果上的瞻前顾后、患得患失。当父母认真审视、善加养护自己的心，等于是孩子在父母的心根上生发了起来，孩子也将慢慢从家庭教育过渡为能够把握自己的自我教育。这是一生中真正教育的开启，所谓"深根固柢，长生久视之道"。

7.2　学得少了怎么办？

懒惰好学　全凭琢磨

如果说"贪多"是我们当下出现的集体意识问题，那么有的孩子学习过失在"求少"，在某种程度上就不是问题，只是因为我们想要他学得越多越好，所以才显得"少"了而已。此时我们应该反省：是自己在贪多吗？孩子的学业超过了他承受的能力了吗？还是真的学得太少、放得太松，"失则寡"了呢？不可否认，人的惰性是存在的，当志向没立起、求知欲减退时，自律很难，"或失则寡"就成一个问题。

现实是有的父母十分忙碌，没有注重给孩子营造良好的学习氛围，没有引导孩子养成良好的学习习惯，以至于孩子学习懒散、不求上进；

有的由于生活优渥富裕，父母对孩子的教育不够严格，孩子不需要努力就应有尽有，以至于孩子不再积极进取；有的由于前期学习用力过猛，后面动力系统持续不足，孩子不再主动吸收而要靠外力推动，以至于学习变成一家人的心头之痛……

懒惰是人的天性，好学也是人的天性。天性里自带的东西，如果没有后天的"切磋琢磨"，就没办法"去粗存精"。美玉要精雕细琢，金子要千锤百炼。怎么把"要我学"的消极懒惰转变成"我要学"的积极好学呢？《易经》蒙卦曰："匪我求童蒙，童蒙求我。"健康的教育模式，不应是老师硬塞知识给学生，而应是学生主动要学。主动要学的孩子，老师教起来是很轻松的。那么，这个从被动变主动的钥匙在哪里呢？

居仁由义　自觉自律

如何启动孩子动力系统的钥匙？《孟子·尽心上》中有这么一段——王子垫问曰："士何事？"孟子曰："尚志。"曰："何谓尚志？"曰："仁义而已矣。杀一无罪，非仁也；非其有而取之，非义也。居恶在？仁是也；路恶在？义是也。居仁由义，大人之事备矣。"孟子说，一个君子，这一生要做的事是要使自己的志行高尚。"仁"是家，是心之所居；"义"是路，是行之所由。要在心中升起"浩然之气"，便意味着一个人已经不再独想自己，而是心中装有更广大的宇宙世界。

教育要义之一，是要帮孩子找到个体生命与整体生命的定位，让孩子感觉他与这个宇宙世界是相融相连的，他的生命成就也与世界福祉相生相依，这就是"立志"的过程。使孩子充分地融入世界万物，又充分地认识世界万物，互为互利地充分用好世界万物，这是"义"之所在，是教育的主线，也是生命的价值。当父母鼓励孩子善良的举动，赞赏孩子为他人考虑的心，支持孩子做让世界更美好的事，这些"义"行都是通往"归仁"的路，能够触动孩子原本就有的仁心本性。

教育要义之二，在于激发孩子"要自学、能自律"的求知欲。孩子自己感觉到学习的喜悦，感到学习能让他变成更优秀、更有用的人，他自己就会想学。想要变得更优秀其实是每个人内心的渴望，父母"道而弗牵，强而弗抑，开而弗达"，让孩子做自己学习与生活的主人。

或失则易，或失则止。

7.3　学得太容易或者学得太难怎么办?

天资优越　或失则易

"或失则易"与"或失则止"，如"或失则多"与"或失则寡"，是对立的一体两面，是形容学习中容易出现的两个极端：要么学得太易，要么学得太难。学得太易，孩子往往升起怠惰心和傲慢心；学得太难，孩子得不到正面的激励，对学习容易失去信心，最后止步不前。

对学习感到容易的孩子，其天资本身不错，这对家庭而言是一个福音。这样的孩子学东西比别人快，老师需要及时给到符合他水平的学习内容，保持他对学习的挑战性和新鲜感，以免过于容易的内容让他产生情绪上的懈怠与排斥。

天资越好的孩子越容易得到周围人的夸赞，父母也可能会想尽办法进一步培养他。这时候要注意的是孩子容易在掌声中变得飘飘然，升起骄傲的情绪，慢慢地接受不了批评、听不进意见、受不了挫折；或者由于他的天资发用太快，受到外界的干扰太多，不能沉下来真正长养慧根，有可能慢慢地越长大越平庸。《资治通鉴》言："才者，德之资也；德者，才之帅也。"能"帅"才而大用者，需经过后天持续的学习，包括才能的打磨与品性的修养。

难而可畏　或失则止

学得太难超出了其能力的范围，孩子经受的挫败感太多，就会产生畏惧的心理，学习就很难继续。当一个人面对的障碍不高，跳一跳便能够跨越时，就容易接受挑战；但当障碍太高，怎么跳都无法跨越时，就会逐渐丧失信心，最后心灰意冷，选择逃避与放弃。

"不陵节而施之谓逊"，学习是有次第和节奏的，应当符合孩子当下的发展阶段和心性特点，按照学习的次第教授学生，依从学习的节奏随时调整。就像我们吃东西一样，如果肚子里的东西还没消化，就开始填塞其他食物，那么吃东西这种本来很快乐的事情，反而变得令人不适和反感。这其实对老师提出了很高的要求，老师需要非常了解学生，才能敏锐地观察到什么时候学生的状态已经有点力不从心了，然后及时采取调整措施"禁于未发"。

思政老师　可担重任

能这样去保护孩子求知欲的老师，对孩子一生的影响，非眼前的成绩分数可以衡量。对一个班级而言，班主任的角色是最关键的。班主任最好不要是主课老师，因为主要科目的教学量已经很大了，老师无法分心去了解学生个体的情况。而且，班主任做主课教师还有一个弊端，就是往往这个班级会跟着班主任所带的科目走。例如，如果数学老师做班主任，班级整体就重视数学，花更多的精力在数学上。

最好是由思政课老师做班主任，他是一个代表爱与温暖的桥梁角色，能去和任课老师沟通孩子的心声，能从任课老师那里了解孩子的状态。在任课老师与学生、班级老师与上级领导、学校与家庭协作上，这样的班主任都将发挥非常关键和有效的作用。这比学校单独安排一个心理咨询室都要管用，因为学校里最了解孩子的人不在心理咨询室，而在经常接触他、关心他、倾听他、辅助他的班主任身上。有这样的班主任照料到个体，协调各种关系，那么学得太难、感觉无助、自我放弃的学生就会越来越少。

> 此四者，心之莫同也。知其心，然后能救其失也。

7.4　学习产生问题的根源在哪里？

端正观念　患己不能

或失则多，或失则寡，或失则易，或失则止，以上四种过失，产生的原因各不相同，因为每个学生的心理面貌是不尽相同（心之莫同也），但其源发点只有一个：观念不端正。因此《学记》开篇强调，"发虑宪，求善良"，想办法帮助孩子的心归于端正与安宁，这是"救其失"的准绳所在。

"知其心"即知道了孩子的心，这样才能帮助孩子"救其失"；知道孩子的心，首先要知道自己的心，能"救己失"。孔夫子说："不患人之不己知，患不知人也。"不害怕别人不知道自己，只担心自己能力不够，如果没有能力了解和养护自己的心，不能够培养和发挥自身的才干，又如何帮助孩子"救其失"呢？孟子言："贤者以其昭昭，使人昭昭。"

《论语》中论述了人心之失正。子曰："由也，女闻六言六蔽矣乎？"对曰："未也。""居！吾语女。好仁不好学，其蔽也愚；好知不好学，其蔽也荡；好信不好学，其蔽也贼；好直不好学，其蔽也绞；好勇不好学，其蔽也乱；好刚不好学，其蔽也狂。"这是孔子对弟子子路说的一段话。子路是弟子中侍奉孔子最久的人，性格直爽率真，做事果断，但鲁莽妄进。孔子通过对他的训诫，揭示了人心容易犯的几个毛病，且一定需要后天的学习与修养，才能保持"虑宪"，即中正。

仁知信正　失之则弊

"好仁不好学，其弊也愚。"爱好仁德却不能好好学修，其弊病是变得愚蠢。爱恨并非没有原则，且仁爱也需用在恰当的地方。一个人如果只是喜欢做看起来善良的事，却不能辨析什么是真正的善良，有可能会造成完全相反的效果。《了凡四训》言："为善而不穷理，则自谓行持，岂知造孽？枉费苦心，无益也。"

"好知不好学，其弊也荡。"爱好求知却不能好好学修，其弊病是流荡无归。曾国藩曾说："天下古今之庸人，皆以一'惰'字致败；天下古今之才人，皆以一'傲'字致败。"不思进取的"庸人"因为懒惰而一生无成，但追求知识的"才人"可能因为傲慢而屡遭失败。孔子评价："如有周公之才之美，使骄且吝，其余不足观也已。"可见，增加知识、增长才华虽是一件美事，但对心不加照看的话，可能流于膨胀轻浮、无所依归。

"好信不好学，其弊也贼。"爱好诚信却不能好好学修，其弊病是容易被人利用、害人害己。守信自然是一件值得称赞的事，但如果没有智慧辨认什么样的"信"能答应、要坚守，就可能产生不良的后果。比如，所约之事是否是正义正当之事，需要辨明，不义之事不可为；所约之事是否是自己能力和条件范围内的事，超出个人能力最好不要答应，因为可能会让别人的期待落空而耽误别人的要紧事。所约之事既是正当之事，又是能力可及之事，方可守信。

直勇刚正　失之则弊

"好直不好学，其弊也绞。"爱好直爽却不能好好学修，其弊病是说话尖刻，会伤到他人。"知无不言，言无不尽"是一种真诚的美德，但需要智慧调御，时机和场合都很重要。"不以礼节之，亦不可行也"，生活中我们会见到一些"狂狷"之人，说话不顾方式和措辞，伤了他人自尊心、破坏了良性沟通的关系也仍不以为然。"不得中行而与之，必也狂狷乎！狂者进取，狷者有所不为也。"孔夫子虽然认同"狂狷"之人的真诚，但仍然觉得这是一种偏颇，他更欣赏"中行"之人。

"好勇不好学，其弊也乱。"爱好勇敢却不能好好学修，其弊端是会作乱闯祸。虽然勇敢是一种非常好的品质，但却有可能失之于鲁莽。古有"小不忍则乱大谋"的说法，能忍人之所不能忍，其实比动辄与人拼命，要难得多，这是大勇。苏轼在《留侯论》中说："天下有大勇者，卒然临之而不惊，无故加之而不怒。"

"好刚不好学，其弊也狂。"爱好刚正却不能好好学修，其弊端是轻率妄为。刚正的人本身有一种良好的自信和气度，对人对事有自己的清晰判断，但却有可能刚愎自用、目中无人。《道德经》云："持而盈之，不如其已；揣而锐之，不可长保。金玉满堂，莫之能守；富贵而骄，自遗其咎。"盈满、尖锐、骄狂的状态都失去了心之"中正"，是难以长保的。曾国藩早年也有这样的毛病，后来勤学改过，克服自身的劣势，总结出"刚柔互用，不可偏废，太柔则靡，太刚则折"，终成"立德立功立言三不朽，为师为将为相一完人"。

教也者，长善而救其失者也。

7.5 长善救失为什么是教育的核心？

人性有偏　学养救失

关于"心之失"的六个方面——"仁""知""信""直""勇""刚"，

使用适当的话就是"中正"的，但这些良好的天性，如果没有后天的学修，可能也会导致不好的结果。前文提到失之则"多、寡、易、止"的各种问题，其本质都与"心之失"有关，那些原本良好的天性却走向了偏颇。教育的目的之一就是"救失"，帮助学生端正不正的念头和不当的行为。

《格言联璧·存养》言："轻当矫之以重，浮当矫之以实；褊当矫之以宽，执当矫之以圆；傲当矫之以谦，肆当矫之以谨；奢当矫之以俭，忍当矫之以慈；贪当矫之以廉，私当矫之以公；放言当矫之以缄默，好动当矫之以镇静；粗率当矫之以细密，躁急当矫之以和缓；怠惰当矫之以精勤，刚暴当矫之以温柔；浅露当矫之以沉潜，溪刻当矫之以浑厚。"

天性只是提供可能，学修才能使为人处世都合乎于道。所以孔子在提到心之弊端时，反复强调"好学"的重要性，《论语》《大学》《学记》等都是以"学"贯穿始终。人只有经过长期的学习和修养，才能在不断纠偏的过程中，护正善之天性，使之光明、广阔、稳定，从而真正成为人的美德。

培养德性　开发天赋

"长善"是教育的主要目的，这里的"善"指的是两个方面：一是内在的仁德，二是本有的天赋。这都是教育者在教育过程中要抓住的核心，教育的条条目目看起来或许复杂，但归根到核心原则，就在"长善救失"四个字。

仁德这一点前面已经有过许多解读，此处重点来看天赋。天生我材必有用，每个人到这个世界上都有他的天赋使命。挖掘这个天赋使它绽放，不仅能成就个体的生命价值，也能为社会、为他人带来最大的益处。关键是能不能发现天赋，愿不愿意承担使命。父母如果看见别的孩子学什么，就想让自己的孩子学什么，盲目地把孩子送进各种兴趣班去练就"十八般武艺",其结果很可能是淹没了孩子真正的天赋。兴趣班本身并不是问题,问题在于家长的心态,学兴趣班到底是为了考级拼比,还是为了帮孩子寻找兴趣和认识世界呢?

中国国际积极心理学大会执行主席彭凯平教授,在一次访谈中讲到:"父母要用充满爱的心了解孩子,创造机会增加孩子的人生阅历。走南闯北、见多识广,体验不同的生活场景,这样的一种家庭环境和父母的行动,可以让父母更多地发现孩子的天赋。如果孩子从来没有去过音乐剧场,父母是不可能知道孩子有音乐天赋的;如果孩子从来没有去看过体育比赛,父母是不可能知道孩子有运动天赋的。所以我经常讲,父母与其要求孩子在家里死读书、读死书,不如带他去听音乐、看比赛,体验人生的各种经验,这对孩子来说很有帮助。"

真正的兴趣是不用考试的,特长是孩子最热爱、最拿手、花同样的时间能比别人做得更好的科目。正如小马不用考赛跑,赛跑也是名列前茅。父母的任务是去发现孩子身上的这块长板,而不是天天关注孩子哪儿做得不好,一看到短板就赶紧补上。发现孩子的天命,放手让孩子做自己最擅长的事,教育孩子就会有事半功倍的效果。圣人之所以能成为圣人,也是因为他发现了自己的天命,绽放了自己生命的光辉,即使历经磨难仍然无所畏惧。《易经》言:"乐天知命故不忧。"

善歌者,使人继其声;善教者,使人继其志。

7.6 孔子思想对现代社会的重要价值在哪里?

榜样文化 万世师表

擅长歌唱的人引吭高歌,声音优美,穿透力强,能吸引听众情不自禁地随声欢唱，是为"继其声"。品行高尚、学识渊博、善于启发的教师，会吸引学生们自觉自愿地跟随其学习，进而以师志为己志，不断为理想努力奋斗，成长为对社会有用之才，是为"继其志"。

中国的文化是榜样文化。榜样在哪里？天地君亲师。天地之道是人类的榜样，"天地之大德曰生"，天地孕育生命并助养所有的生命；为人君、在上位者是人民的榜样，"居其所，而众星拱之"，领导者为政以德，上行下效，是恺悌君子、民之父母的榜样；"君子不出家而成教于国"，父母的言行举止是孩子耳濡目染、模仿学习的对象，是家族与后代的榜样；教师是社会的榜样，老师的志向与学养直接影响教育的质量，引导社会的风气。"圣人，百世之师也，伯夷、柳下惠是也。故闻伯夷之风者，顽夫廉，懦夫有立志；闻柳下惠之风者，薄夫敦，鄙夫宽。"

老师教什么呢？"教"者，以文化教"孝"也。"仁"这个字是儒家文化的核心，而为仁之本在"孝悌"，每一个炎黄子孙的灵魂里，都有孔子思想的烙印。两千多年来，中国人主要是以儒家建立起来的价值体系安身立命的，我们在新时代可以对传统文化进行创造性转化和创新性发展，但其价值体系的核心是亘古不变的。这也是为什么孔子被称为"万世师表"。未来，儒家思想在"教化人心、促成文明"上也会继续彰显价值、造福人类。

重树信仰　认祖归宗

中国人的信仰，是敬天、法祖、尊师、孝亲、重道的信仰。如果这个信仰被破坏掉，社会必然出现问题。20世纪90年代初，费孝通先生说："当前人类正需要一个新时代的孔子。"

中华民族是一个破相见性的民族。我们不一定有具体的宗教信仰，但宗教信仰所传递的"智慧、慈悲""真、善、美",也是我们中华优秀文化的有机组成部分,我们当然是相信和喜爱的。文化是"依宗演教、演教弘宗"的过程。"宗"即"性",天命之谓性,天命是不变的;"教"即"相",演出各种相才能教化大千众生,目的仍然是为了回归不变之宗。中国人相信儒代表的仁义、释代表的慈悲、道代表的自然。所谓"破相见性",也就是透过各种教法和意象,见到天命。

孟子曰:"大孝终身慕父母,五十而慕者,予于大舜见之矣。""孝"作为修身养性之本,不是我们国家所独有的,其他古老的文明也有,因为重视对父母之孝心有助于培养公民对整个社会的爱心。因为对父母的爱是无利可图的,通过爱父母可以减少人的私心私欲,使心灵和品性更加纯正,与天地相应合。我们还注重"悌",其背后根源也在于我们兄爱弟恭,友善万物。古言"教以孝,所以敬天下之为人父者也;教以悌,所以敬天下之为人兄者也"。

7.7　这个时代我们如何继志述事?

继先师志　述圣人事

《中庸》云:"子曰:'武王、周公其达孝矣乎!夫孝者,善继人之志,善述人之事者也。'"孔子认为最高层次的孝是"继志述事",继承先祖先师之志,续作先祖先师之事。

我们这一代是连根养根的一代。《朱子治家格言》云:"祖宗虽远,祭祀不可不诚;子孙虽愚,经书不可不读。"张载的横渠四句"为天地立心,为生民立命,为往圣继绝学,为万世开太平"是我们努力的方向。

要通过敬天、法祖、尊师、孝亲来连根——为天地立心，通过与经典相连、知行合一来养根——为生民立命，做好过去人的好子孙——为往圣继绝学，做好未来人的好祖宗——为万世开太平。

《礼记·祭义》记载——曾子曰："孝有三：大孝尊亲，其次弗辱，其下能养。"公明仪问于曾子曰："夫子可以为孝乎？"曾子曰："是何言与？是何言与？君子之所为孝者，先意承志，谕父母于道。参，直养者也，安能为孝乎？"曾子认为，嘘寒问暖、衣食奉养只能算小孝；为人忠厚、行事端正、不做坏事给父母丢脸，是中孝；行善兴利、造福人民、孝养天下，给父母增光，是为大孝。《了凡四训》又言："至修身以俟之……直造先天之境，即此便是实学。"所继圣人之志，效法天地；子孙所续之事，修身孝亲。

继往开来　代代相传

我们希望下一代成长为"大人"，那我们自己首先要做出榜样。阳明先生八字言"立志、勤学、改过、责善"。圣贤的心灵就是效法天地，我们要立下志向，努力使自己的心灵接近先师先贤的心灵，"天地之道，得仲尼常行；孔子之道，得孟子常明"；我们要勤学不辍、"教学相长"，在日常生活中改过责善。

为了让我们的子孙在道上顺势生长、心灵有归，首先我们自己要成为子孙的根，让他们能嫁接到我们身上去开花结果。"道者，导也"，有道的父母是孩子一生的人格向导，是后代子孙的精神偶像，是家族谱系里的灵魂灯塔。《道德经》云："不失其所者久，死而不亡者寿。"一代代人，以心传心，以人传人，继往开来，绵延不绝。这是社会与民族的希望所在，也是每一个个体的幸福所在。

其言也，约而达，微而臧，罕譬而喻，可谓继志矣。

7.8 老师如何引导学生"继志"？

约微而达　罕譬而喻

"其言也，约而达，微而臧，罕譬而喻，可谓继志矣。"约，简练；达，中正通达。微，不明显；臧，善。罕譬，少作譬喻；喻，启发。意即，善教者的言行朴素简约（约），也无须大张旗鼓地声明（微），更不需要费劲心力作各种比方（罕譬）。如此能达到什么效果呢？能让学生的心豁然通达（达），至自己的良知本善处（臧），敞开心扉，开启慧命，升起本然的智慧（喻）。这就是见"至道"、明"明德"、继"尚志"。

"其言也"之"言"，指的是身口意三语。通常修为很高的老师，透过身口意的中正清净，体现着微妙玄通的道法，敬天重道的义理已经蕴藏在每个当下的细节中。在《论语》中，孔子的弟子们就以为老师讲得太少、有所隐藏。孔子告诉大家："二三子以我为隐乎？吾无隐乎尔。吾无行而不与二三子者，是丘也。"《道德经》亦云："天之道，利而不害；圣人之道，为而不争。"圣人以天地为师，早已将"道与仁"化于语默动静处，将"文、行、忠、信"融于日用寻常间。

看到本质　妙用无方

现实生活中当然也有一些反面例子，为人师长的"不能师、不能长"怎么办？孔子曾说："父在观其志，父没观其行。三年无改于父之道，可谓孝矣。"对于这一句，后世有过许多疑问："难道做父母的做得不对，也不改父之道吗？难道做老师的德行不行，也要继师之志吗？"

我们从前面的论述知道，这句话的前提应该是父母自己在道上，孩子自然而然"三年无改于父之道"。同样，老师自己在道上，学生自然而然"尊师重道"。儒家思想是活泼泼的，愚孝和愚忠并不是孔子提倡的行为。《孝经》云："昔者天子有诤臣七人，虽无道，不失其天下；诸侯有诤臣五人，虽无道，不失其国；大夫有诤臣三人，虽无道，不失其家；士有诤友，则身不离于令名；父有诤子，则身不陷于不义。故当不义，则子不可以不诤于父，臣不可以不诤于君；故当不义，则诤之。从父之令，又焉得为孝乎！"

继志与不继的出发点在于"当不当义"。父当义，则继之；当不义，则诤之。师当仁，与师为一；当不仁，择其善者而从之。马一浮先生曾经评论国学经典："一、此学不是零碎断片的知识，是有体系的，不可当成杂货；二、此学不是陈旧呆板的物事，是活泼泼的，不可目为古董；三、此学不是勉强安排出来的道理，是自然流出的，不可同于机械；四、此学不是凭借外缘的产物，是自心本具的，不可视为分外。"

由于人性是变化多端的，人所面临的境遇也是千差万别的，孔子作为各种思想的集大成者，必然不会是呆板拘泥的。作为孔子思想之阐发者和志向之继承者，后人也当承其思想精髓，而非执于表面。马一浮先生解释："由明于第一点，应知道本一贯，故当见其全体，不可守于一曲；由明于第二点，应知妙用无方，故当温故知新，不可食古不化；由明于第三点，应知法象本然，故当如量而说，不可私意造作，穿凿附会；由明于第四点，应知性德具足，故当内向体究，不可徇物忘己，向外驰求。"

第八章　尊师重道

【本章略启】

　　本章再次以"君子"两字开头，君子通晓至学的难易美恶，然后能够博喻，便能够成为教师。能够成为教师，便能够成为官长，或者说榜样；能够成为榜样，便能成为君主或领导。学生对于教师的选择，以及对于教师这个职业的选择，需要慎之又慎。自古及今，莫不如此。

　　尊师重道，是中国传统教育的前提。教师自己首先需要严格要求自己，尊崇正道。古代中国，对于教师极度敬重，上至天子，下至黎民，无不如此。至今仍值得借鉴和学习。

【原 文】

君子知至学之难易而知其美恶，然后能博喻；能博喻，然后能为师。能为师，然后能为长；能为长，然后能为君。故师也者，所以学为君也。是故择师不可不慎也。《记》曰："三王四代唯其师。"此之谓乎！

凡学之道，严师为难。师严然后道尊；道尊然后民知敬学。是故君之所不臣于其臣者二：当其为尸，则弗臣也；当其为师，则弗臣也。大学之礼，虽诏于天子，无北面，所以尊师也。

【时牧解】

君子知至学之难易而知其美恶，然后能博喻；

8.1 做一位好老师有多难？

至学之峰 知其难易

"君子既知教之所由兴，又知教之所由废，然后可以为人师也"。君子要明白教育成功和失败的因素，这是为人师的前提。并且当好老师，还得"知至学之难易而知其美恶，然后能博喻；能博喻，然后能为师"。这阐述的是什么意思呢？我们来打个比方：

老师通过自己的辛苦努力，攀登上了高高的山峰，这座山峰名叫"至学"。老师的任务则是指导学生们也一个个也能上来。站在最高处的他"一览众山小"，看得见通往山顶有不同的道路，有盘山公路，有石阶路，还有泥泞的小路；学生们自带的交通工具也是不同的，有的人有汽车，有的人只有双脚，还有的人可能有先进的喷气式背包。看来，学生们在去往山顶的道路上，注定了有难易的不同（天赋不同，特长不同，秉性不同，就会有"至学之难易"）。

知其美恶　然后博喻

老师非常清楚，采用不同的工具、从不同的道路往山顶出发，都存在优势，也存在劣势（知其美恶）。比如，穿喷气式背包的人是最快的，但也是风险最大的，他很容易偏离方向，飞去了其他地方，甚至出现危险的状况；开车绕盘山公路比较快，但需要一定的技术，还得小心谨慎，风险系数也比较高；一步步爬上来的学生，虽然历经漫长辛苦的付出，但他们老老实实，终能走到山顶，危险系数相对也比较低。

老师们了解了不同道路的难易（知至学之难易），也明白了每种方法的好坏与每位学生的特点（知其美恶），现在就可以给每个人制定他们最佳的前进导航方案与注意事项了（博喻）。学生们结合老师的指导方法，通过各自的努力，最终可以安全顺利地到达山顶。这也就是"君子知至学之难易而知其美恶，然后能博喻"的大致意思了。

能博喻，然后能为师。

8.2　博喻之师对学生的生命会有多大的影响？

随物化形　君子不器

老师是学生去往至学之路的导航，对于学生能不能到达目的地，起着至关重要的作用。可是做导航并不简单，也就是他得先保证自己是位过来人；然后他还要有"识人"的智慧，也要有"知法"的经验，更要有"博喻"的本领；最后，因材施教地指引方向，这才能做好老师。

一位好老师，能够对学生的情志和个性有清晰的了解，能够用积累的智慧和知识，帮助学生以适合他的方式和节奏，一步步往"至学"之峰攀登的。这里我们借用子贡来看师者对学生的博喻与影响。子贡曾问老师："赐也何如？"孔子回答："汝，器也。"曰："何器也？"曰："瑚琏也。"（"瑚琏"是古代祭祀盛粮食的器皿，夏朝叫"瑚"，殷朝叫"琏"，平时都是藏起来的，只在国家有重大祭祀活动时才拿出来用，相当的尊贵。）孔子对子贡评价是很高的，但子贡还需要努力才能随物化形、妙行无住，就是所谓的"君子不器""大道不器"。

《论语·宪问》中提道："子贡方人。子曰：'赐也贤乎哉？夫我则不暇。'"子贡虽然各方面条件都不错，但为人处世上仍可能存在一些失于克己的地方。《了凡四训》中提到子贡曾经不能分辨善与非善，义与不义："鲁国之法，鲁人有赎人臣妾于诸侯，皆受金于府，子贡赎人而不受金。孔子闻而恶之曰：'赐失之矣。夫圣人举事，可以移风易俗，而教道可施于百姓，非独适己之行也。今鲁国富者寡而贫者众，受金则为不廉，何以相赎乎？自今以后，不复赎人于诸侯矣。'"

慧命开启　终身受益

子贡能言善辩，做事机灵，《论语·先进》点评："德行：颜渊、闵子骞、冉伯牛、仲弓；言语：宰我、子贡；政事：冉有、季路；文学：子游、子夏。"孔子了解子贡的优点，也知道他在修身上还需要下功夫。在子贡问老师什么是"仁"时，孔子根据子贡的情况给出适合他的学习方向："工欲善其事，必先利其器。"子贡需要做的，是把自己这个器，再次打磨成"大器"，再是"不器"。

一个好的老师是帮助学生启蒙开慧的老师，中国自古以来重慧命大于身命，重道统大于学统。老师指点后，学生有什么受用，学生自己心里是最清楚的。所以，不管其他人后来怎么误解和贬低孔子，子贡都坚定不移地维护老师，"赐之墙也及肩，窥见室家之好。夫子之墙数仞，不得其门而入，不见宗庙之美，百官之富。得其门者或寡矣。"孔子逝世后，众弟子皆服丧三年，相诀而去，唯子贡结庐墓旁，守墓六年。后人感念此事，建屋三间，立碑一座，题为"子贡结庐处"。

能为师，然后能为长；

8.3 能做老师就有能力当领导？

大德不官 为师为长

"能为师，然后能为长。"这句话从字面理解是，"能做老师，然后就有能力做官"，这听起来挺匪夷所思，老师和官员这两个角色有很大关联吗？之所以我们不能理解古人的说法，是因为随着时代的变迁，很多观念都在发生变化。我们现代人所认为的"学"，和《学记》中所讲述的"学"，是不完全相同的概念；现代人对老师的要求，和曾经那个时代对老师的要求，也是不尽相同的。纵然时代在变、形式在变，核心本质是不变的，所以我们要深入挖掘其本质，再找到古圣先贤的智慧所给予我们现代人的深刻借鉴。对于古人来说，"能为师，然后能为长"，就说明师和长是有相似性的，相似在何处？《学记》后文提到"大德不官"，一个有大德的人，不拘于哪一种职位，既可以为师，也可以为长，长既可以指官员，也可以是各行各业的领导人物。

大德之人具备相当的境界、格局、胸怀及智慧，能在言行上成为众人的榜样，有"师"之影响教化的作用。有影响力，即可为"长"，能够调动资源和调配人事。从表面看，虽然影响力是由一个人所具有的财富、地位、权力等决定的，但背后实质是信任。信任是人们对一个人品行修养、处事方式、才华能力等的综合价值判断，其中最重要的便是"德"。

公道而行　世事洞明

《大学》云："有德此有人，有人此有土，有土此有财，有财此有用。德者，本也；财者，末也。"有德行的人吸引各种人才来到身边，"人"可以带来"土"，"土"可以指资源，对资源的巧妙利用可以创造财富。其实"人"本身就是资源，《孟子·离娄上》有言："得天下有道，得其民，斯得天下矣。得其民有道，得其心，斯得民矣。""得人心者得天下"，人们信任有德之人，相信他们会秉持公道、爱护民胞，"民之归仁也，犹水之就下、兽之走圹也"。

《论语·子路篇》有言："樊迟请学稼。子曰：'吾不如老农。'请学为圃。曰：'吾不如老圃。'樊迟出。子曰：'小人哉，樊须也！上好礼，则民莫敢不敬；上好义，则民莫敢不服；上好信，则民莫敢不用情。夫如是，则四方之民襁负其子而至矣，焉用稼？'"天下之人各有使命，有的人种庄稼，以满足人们对米粮的需求；有的人种菜，以满足人们对蔬菜的需求……由于人们对生存、生活都有不同的需求，天下皆是互为供养的关系，但维持这良好秩序的关键，在于"师和长"。

那为什么"能为师，然后能为长"还有个先后顺序呢？这也说明，在通常情况下，师和长还是有些区别的。从面对的对象来看，师往往面对的是小范围的学生，大家都相差不大；而领导面对的人群范围更广，差别性更大，其"道"与"术"的修为面临着更多的考验。常言道：

老师好当,领导难做。从"道"来看,领导者需要有更加深厚的自我"修身"之功,方能有更大的影响力,不辜负人们的信任与追随。从"术"上说,领导者还得有更多的经验积累以及实践能力,"世事洞明皆学问,人情练达即文章",对其综合能力也就有着更高的要求。

能为长,然后能为君。

8.4　谁能当一国之君?

先为师长　后为君王

"能为长,然后能为君",这里的"君"一般指的是君王。为师、为长和为君的前提,首先要成为德才兼备的君子。只不过对于君的要求,相对于师和长来说更高,他需要具备"内圣外王"的品质,以民为本,以百姓心为心,还需有识贤才的眼力和用贤才的智慧,这样才具备治国理政的能力。

"师"和"长",即老师和领导(包括官员),他们既是一个人通往"为君"之路的进阶锻炼,也是"为君"之后影响社会百姓的重要媒介。能成为一国之君的人,不管有无"师"与"长"之名,必定首先曾有过"师"与"长"之实。"仁爱德让,王道之本也。"师者,楷模也;长者,榜样也。君者,群也;王者,民之所归往也。

尧舜时代是禅让制,举贤才领导民众、治理国家,是为"公天下",公天下即道天下,也才能"導"(导)天下。哀公问孔子:"何为则民服?"孔子对曰:"举直错诸枉,则民服;举枉错诸直,则民不服。"又说:

"其身正，不令而行；其身不正，虽令不从。"把正直的人提拔上来，使他们位居不正直的人之上，则百姓就服从了；如果把不正直的人提拔上来，使他们位居正直的人之上，百姓就会不服从。

举贤唯能　民心所向

孟子在《万章章句》中论述了舜和禹是如何成为君王的："昔者尧荐舜于天，而天受之，暴之于民，而民受之。故曰：'天不言，以行与事示之而已矣。'"舜是"天受之、民受之"。他接帝位二十八年，尧崩后"帅天下诸侯以为尧三年丧"，后来为了避开尧的儿子，迁居于南河之南。但由于他德行高尚，"天下诸侯朝觐者，不之尧之子而之舜；讼狱者，不之尧之子而之舜；讴歌者，不讴歌尧之子而讴歌舜；故曰天也。"

《了凡四训》记载："昔舜在雷泽，见渔者皆取深潭厚泽，而老弱则渔于急流浅滩之中，恻然哀之。往而渔焉，见争者皆匿其过而不谈，见有让者，则揄扬而取法之。期年，皆以深潭厚泽相让矣。夫以舜之明哲，岂不能出一言教众人哉？乃不以言教而以身转之，此良工苦心也。"舜有仁爱的善心，也有妙行的智慧，难怪能够成为民心所向。孔子称赞舜："舜其大孝也与！德为圣人，尊为天子。"孔子也曾称赞周王朝的泰伯"三以天下让"，能够为了天下而让出天下，是"至德"，也是"大孝"。

那么，为什么到了禹帝时代，禅让制变成了父传子呢？孟子也解释了这段往事："禹荐益于天，七年，禹崩。三年之丧毕，益避禹之子于箕山之阴，朝觐讼狱者，不之益而之启，曰：'吾君之子也。'讴歌者，不讴歌益而讴歌启，曰：'吾君之子也。'"益是禹原本选定的继承人，启是禹的儿子，禹本来并没有传帝位给儿子启，但天下人都愿意跟随启而不愿跟随益。因为启非常贤能，能够承继禹之道。"天与贤，则与贤；天与子，则与子。"天下是天下人的天下，应该禅让举贤。

故师也者，所以学为君也。

8.5 谁是真正的一"国"之"君"？

国之将兴　贵师重傅

老师和官员，是对社会风气产生重大影响的两个角色，尤其是老师。师者，帅也。天下之兴，其根在师。"师也者，所以学为君也"，跟着老师学，是学习如何"为君"。因为君者之慈爱智慧，是一个人入世综合能力的最佳体现。《论语·颜渊篇》言："政者，正也。"只要人"为正"，在社会的各个层面都可以"为政"。

每一个孩子原本都是"天才"，只不过领域不同、时机不同，在不同的阶段展现出来的结果也不同。陶行知先生曾经说："人像树木一样，要使他们尽量长上去，不能勉强都长得一样高，应当是：立脚点上求平等，于出头处谋自由。"不限制每个孩子，成为孩子人生发展中最大的支持者和协助者，既是老师的职责与天命，也是老师的荣誉与成就。一个民族兴盛与否，关键就在老师。荀子曰："国将兴，必贵师而重傅。"

自心为国　自性为君

"师也者，所以学为君也"，跟着老师学，是学习如何"做君子"。君子与君王的相通之处，都是以天下苍生为己任，使"老者安之，朋友信之，少者怀之"。

《论语》云："子路问君子。子曰：'修己以敬。'曰：'如斯而已乎？'曰：'修己以安人。'曰：'如斯而已乎？'曰：'修己以安百姓。修己以安百姓，尧舜其犹病诸？'""修己以敬"即是"安人"与"安天下"。

《中庸》云："好学近乎知，力行近乎仁，知耻近乎勇。知斯三者，则知所以修身；知所以修身，则知所以治人；知所以治人，则知所以治天下国家矣。"亦是同样的道理。一个人终生向学不辍，努力在日常生活中践行所学，随时省察言行的过失，保持谦恭并知耻改进，就能管理好自己。能管理好自己，就能产生影响力，正所谓"一言偾事，一人定国"。

说到底，何处是"国"呢？自心为国。何人是"君"呢？自性是君。孔子曰："操则存，舍则亡；出入无时，莫知其乡。"说的就是变换莫定的人心。自性本具，自觉即显也。所谓"兴师动众"，所兴之"师"便是自己这份清净自性，所动之"众"便是自己这个身心国土。

是故择师不可不慎也。《记》曰："三王四代唯其师。"此之谓乎！

8.6 做老师为什么要戒慎戒恐呢？

慎重择师 潜移默化

"是故择师不可不慎也。"有两层意思，首先是自己选择老师时要慎重。古书说："夏、商、周三代的君王和包括虞舜在内的四代，其成功都是因为选择了好的老师。"所以，择师是关乎一人命运，甚至一国命运的重要大事，不可不慎（《记》曰："三王四代唯其师。"其此之谓乎）。

古时学生入书院，学习和生活都与老师在一起，书院就是立本的地方。"师生如父子，书院如家庭"，从这里成长起来，心性稳定后踏入社会，"虽离师辅而不反也"。老师对学生的人格、情志、心性、思维、信念、知识辅助都有着很大的影响。即使是帝王将相，其内在的软件也是老师布下的，不论古今圣凡，先择师，再受教，都是非常必要的。

《礼记·文王世子》记载师保之重要性："凡三王教世子必以礼乐。乐，所以修内也；礼，所以修外也。礼乐交错于中，发形于外，是故其成也怿，恭敬而温文。立大傅、少傅以养之，欲其知父子、君臣之道也。大傅审父子、君臣之道以示之；少傅奉世子，以观大傅之德行而审喻之。大傅在前，少傅在后；入则有保，出则有师，是以教喻而德成也。师也者，教之以事而喻诸德者也；保也者，慎其身以辅翼之而归诸道者也。"虽然现在的学制已经发生了改变，学生多数不再和老师一起吃住，但老师的一举一动仍然是涉世未深的少年们不自觉观察和模仿的对象。如果老师品行高尚，孩子们便"如入芝兰之室，久而不闻其香"，他们自己也慢慢成为芬芳的样子；如果老师心性不端，孩子们便"如入鲍鱼之肆，久而不闻其臭"，他们会以为老师这样的言行是正常的，慢慢也变成老师的样子。同理，父母是孩子的第一任老师，孩子幼小时会合理化父母的一切言行，渐渐变成父母的样子。如果说家庭教育和学校教育的终点，是开启孩子的自我教育，那么家庭教育与学校教育的起点，则是开启父母和老师的自我教育。

如临深渊　如履薄冰

"是故择师不可不慎也"的第二层意思说的是对于教师这个职业，身当其位的人要很慎重，要在灵魂深处战战兢兢、如临深渊、如履薄冰。《中庸》言："道也者，不可须臾离也，可离非道也。是故君子戒慎乎其所不睹，恐惧乎其所不闻。莫见乎隐，莫显乎微，故君子慎其独也。"很多东西我们都看不见，比如道，但看不到的东西，往往决定看得到的东西，孔子说君子"畏天命"。如果有敬天法祖的诚敬，一个人就会坚持不懈地审视自己最隐秘的念头。他知道即使是最隐秘的想法，在老天那里也是昭然若揭的；即使是最微小的动作，在老天那里也是一览无余的。"吾谁欺？欺天乎？"欺天就是欺自己，天心即我心。

人在世俗中生活，时而会丢失这颗心。孟子曰："人有鸡犬放，则知求之；有放心而不知求。"老师和父母的自我教育，就是从守养这颗心开始的。孟子曰："苟得其养，无物不长；苟失其养，无物不消。"心的养护和守正是需要身体力行的，正心在于诚意。《大学》云："所谓诚其意者，毋自欺也。如恶恶臭，如好好色，此之谓自谦。故君子必慎其独也。"人会自然地厌恶臭味而喜欢美好，厌恶不善而喜欢善良，看起来是简单的道理，但在生活中，只有十分真诚的人才会"不自欺"，透彻地反省自己的言行是否是弃恶念，求善良。

宋代易学家陈抟在《心相篇》中说："心者貌之根，审心而善恶自现；行者心之表，观行而祸福可知。"心念不仅影响人的外貌呈现，也直接决定人的日常行为。父母和老师是接触孩子最多的人，他们不经意地由个人心念和思维展现出的语言与行为，都可能在孩子身上引发或正面或负面的教育影响。有远见、知微细的父母既要懂得为孩子择良师，同时也要为孩子作出正面的表率。

凡学之道，严师为难。师严然后道尊；

8.7 中国人为什么要强调尊师重道？

师之所存 道之所存

"凡学之道，严师为难。"这里的学，首指学"孝悌"，这个是为学主线。孔子曰："弟子入则孝，出则悌。"孝悌如何体现？知恩报恩。如果在这点上本末倒置，就会事倍功半。孩子不感恩，家风不正；学生不感恩，校风不正；人民不感恩，社风不正。能报父母先祖之恩，家族血脉不会断；能报圣贤先师之恩，民族文脉不会断；能报天地万物之恩，人类根脉不会断。

有人会问:"西方的教育氛围非常平等,老师和学生之间似乎没什么界限,国内教导对老师要十分恭敬,是不是没把孩子当作一个独立人格的个体呢?"这就需要对东西方教育系统的差异性有所了解:在西方的教育系统里,学校是主导知识教育的,人格教育、美学教育等是在教堂、社会机构中完成的;但在中国的传统教育里,知识教育与德性教育是同时发生的,都是由老师做榜样,"先知引后知,先觉教后觉",同时也是非常灵活的,正如《师说》云:"弟子不必不如师,师不必贤于弟子。闻道有先后,术业有专攻。"

如果不寻根问底自己的文化传统,就盲目地崇拜照搬西方的一切,是很危险的。比如中国有我们熟知的"师之所存,道之所存也",西方则没有这个概念。中国传统的祭祀对象,一向是"天地君亲师"。中国人重道学、讲传承,继志述事,以先人先师之志为吾志,所谓"三年无改于父之道,可谓孝矣"。

严师为难　师严道尊

"严师为难":一是老师的自我修行很难;二是培育老师的过程很难;三是知至学,能博喻很难。"师严然后道尊",内心与道相印、干净纯洁,外在具备丰富的知识与教学经验,以道御术。学生尊敬这样的老师,实质是尊敬老师所代表的高尚与广阔、慈爱与智慧。尊敬并不是说表面上要点头哈腰、低眉顺目,而是心中常怀感恩,做人谦虚礼貌,做事庄严认真。

西方由于文化的个体性倾向十分明显,确实十分注重学生的人格独立。而我们的文化集体意识更厚重,父母可能会不自觉地把自己的意识形态和人生选择强加给孩子,影响孩子的自由探索和独立成长,这是我们需要向西方学习的地方。但是要清楚的是,我们的文化有"继志述事"的传统，这本身就代表着一个人不仅仅是他自己而已。他既是前人的子孙，也是后代的祖先，他享有的恩泽是因为有前人造福，他享有的荣誉是因为他可以造福后人。这并不是对一个人的人身限制，而是灵魂向上的归属与向下的续航，也是西方需要从东方汲取灵感与营养的地方。

如何既能够继承传统、发扬传统，又融合世界优秀文明，促成中华文化与教育的创新与活力，是当今教育在新时代的新命题。钱穆先生认为，世界文化之创兴，首在现有各地区各体系之各别文化，能互相承认各自之地位。先把此前人类历史上多姿多彩的文化传统，平等地各自尊重其存在。然后能异中求同，同中求异，又能集异建同，采纳世界各民族相异文化优点，来汇通混合建造出理想的世界文化。如当今所讲的"中国式现代化"的内涵：不忘本来，吸收外来，面向未来。

道尊然后民知敬学。

8.8 什么是道统与学统？

程门立雪 尊道敬学

为什么"尊道"之后"民知敬学"呢？中国传统强调：尊道而后敬学，重点在于"尊"与"敬"、"道"与"学"。

古时有个叫杨时的读书人，为了丰富自己的学问，放弃了高官厚禄，跑到河南颍昌拜程颢为师，虚心求教。程颢去世后，他自己也有40多岁，但仍然立志求学，刻苦钻研，又跑到洛阳去拜程颢的弟弟程颐为师。他为了请教一个问题，和同学游酢一起来到程家门口，但赶上老师正在睡觉，这时候外面已经下起了雪。他们不愿意打扰老师的午睡，就一声不响、恭恭敬敬地立在门外等候。等老师睡醒时，外面的雪已经积了一尺厚了。

由于杨时能够虚心求教，进步很快，后来成为知名学者，举国范围内前来求教的人络绎不绝，人称"龟山先生"。用"程门立雪"一样的精神尊老师所代表的道，敬老师所传授的学，历史上这样的例子很多，学生往往快速进步，颇有成就。这其中并不是如今理解的"学习用功，所以进步很快"的表面逻辑关系，而是涉及文化本质与教育属性。前文提到学生"心灵接收器"的打开、慧命的开启，也是与此有关。潘麟先生在《师道与传心》中，对"道统"与"学统"做了很好的解释。

生命之学　生命之传

潘麟先生认为，人类文明和文化在传承中可分为"学统"和"道统"两大类。"学统"属于"形传"，所传承的是人类后天形成的经验知识，属于知识的传承。而以"心传"和"神传"为核心的生命之间的直接授受和智慧的传承，名之曰"道统"，它是一种生命的传承。（以下相关文字为书中所摘。）

生命远远大于知识和概念。我们现在学了一堆知识、概念，都是用逻辑去理解，不是用生命去理解。在东方古人的心中，传承知识是次要的，一起步就传道、传人格、传理想、传格局、传境界、传胸怀、传智慧——我把我做人的高度和境界传给你，我把我对理想的忠诚传给你，我把我对理想的坚持传给你，我把我道德的操守传给你。传这些"道"的同时，顺带着传一些知识给你。"道"的东西如果没有了，知识学得再多，也是一个灵魂上的矮子、人格上的侏儒。宋代大儒陆九渊说过："若某则不识一个字，亦须还我堂堂地做个人。"即使我不识一字，我照样也可以堂堂做一个人。

东方的学问是生命的学问，是用内在生命来传承的学问。所以，师生之间、师徒之间必须要有一个非常深入的生命内在的关联。这样，老师在举手投足间，就会给学生很大的启迪，让他的悟性、他的生命有一个质的飞跃。当代人为什么在修行上罕有大成就者呢？那是因为当代的师徒之间缺少了生命的呼应和关联。没有了这个呼应和关联，就导致一些重要的信息传递不过去，因为老师的许多切身经历，很难用语言准确地表达出来。正所谓"言语道断，心行处灭"，即内在的体悟，一旦变成了外在的语言就减少能量了，内在的、生动的、活泼的那个当下的觉知，就大打折扣了。

道统失坠　不中不西

如果我们拿学统的方式去理解道统，起点就错了，方向就错了。诸子百家的经典，这些既不是概念也不是知识，而是圣贤们鲜活的生命。一本《道德经》就是老子的生命体现，一本《论语》就是孔子的生命体现。用一个生命去阅读另一个生命，这才是真正地读经典。

"道统"是以心灵传承，以生命传承。现在我们说东方文化难学，指的就是道统难续了。有人说，四书五经等经典都在呀！仅有书那是不够的。"道统"有没有中断，主要体现在是否能出现一批大师，这些大师还能否带出一批杰出的弟子，师父与弟子之间是否能够始终保持着生命的传承。师父带出一批弟子，弟子再带一批弟子，如此生生不息……这样的存在是生命的延续，这才叫道统的存在，而不是四书五经在没在。

只有用生命传承的文化才是道统。如果不是用生命来传承，说明没有进入道统。要想进入道统，必须用我们的整个身心和生命，消化这个文明，传承这个文明，用整个生命去捍卫它。现代人做不到了，做不到就是道统失坠，做不到就是我们被学统化了。现在的我们都是被西洋学统教育出来的，许多人已经忘记了除了学统以外还有一个道统。虽然现在儒家的书都在，道家的书也在，但"道"的精神不在了，

"道"的生命不在了。我们现在是用西方学统的思想和方式，来传播东方道统的文明和文化，结果是"四不像"——不中不西，不古不今。

是故君之所不臣于其臣者二：当其为尸，则弗臣也；当其为师，则弗臣也。大学之礼，虽诏于天子，无北面，所以尊师也。

8.9　引导尊师之风为何十分重要？

天子尊师　指引风气

君王在两种情况下可以不用君臣之礼来对待臣子：一是臣子在祭祖过程中充当受祭者时，二是臣子身为教师时。按照大学之礼，教师给天子讲课或问对时，可以不受君臣之礼（君面向南，臣面向北）的约束，这是天子尊师的表现。既然天子都尊师重道，百姓是不是也就会受到正向影响，从而敬学好学呢？

孔子十九岁娶妻，婚后一年生了儿子，鲁昭公赐给他一条鲤鱼，孔子便为儿子取名为孔鲤，字伯鱼。当时孔子还只是一个穷小子，但他通过读书自学成为小有名气的文化人。鲁国是一个文风很盛的国家，国君送鱼，有表彰读书人、引导社会风气之意。地位身份越高的人，他们的言行和喜好越容易被注意和效法。具备影响力的人若能帅之以正，那他所带来的效应是巨大的，这就是上行下效的榜样力量。

由此我们也能得到一些启示，在信息畅通的当今社会，具备影响力的人不仅仅是为政者，更有形形色色的各类舆论引领者。如果他们所言所行不具备正确的价值导向，就会对社会尤其是对孩子起到负面的影响作用，致使整个民族走下坡路。如同一个人的三观决定了一个人的行为，一个民族的价值观决定了这个民族的未来走向。如果这个民族的大部分人，内心没有积极的信念，不尊师重道，认为学习无用，追求一夜暴富、不劳而获，那么这个民族不仅是肤浅流俗、没有骨气的，也是岌岌可危、希望渺茫的。

五伦关键 师道尊严

五伦的关键就在师道尊严。《学记》讲："师无当于五服，五服弗得不亲。"老师虽然不在家族的亲疏关系之内，亦不在天子、诸侯、卿、大夫、士的五种官位之中，但老师是教"孝悌"的，是"五服"的枢纽角色。

《大学》云："孝者，所以事君也；悌者，所以事长也；慈者，所以使众也。""君子不出家而成教于国。"既是说，一个人在家里修好了自己，就等于是可以在外"治人""治天下"；也是说，老师教出了一个"入则孝，出则悌"的孩子，其功德类于"成教于国""为万世开太平"。孟子曰："用下敬上，谓之贵贵；用上敬下，谓之尊贤。贵贵、尊贤，其义一也。"教下敬上和教上敬下，上下敬而有礼、和而不同、和敬以共，这些都需要老师来引导。

正因为老师的责任如此重大，中国自古以来历代领导者都非常尊师重教，从祭祀"天地君亲师"就可见一斑。曾子曰："君子行于道路，其有父者可知也，其有师者可知也。夫无父而无师者，馀若夫何哉！"此言事师之犹事父也。曾子说，一个人走在路上，他到底有无严父教养，有无良师教导，是可以马上看出来的。

胜理行义 师道尊显

《吕氏春秋·劝学》中还提到："故为师之务，在于胜理，在于行义。理胜义立则位尊矣，王公大人弗敢骄也，上至于天子，朝之而不惭。凡遇合也，合不可必。遗理释义，以要不可必，而欲人之尊之也，不亦难乎？故师必胜理行义然后尊。"

做老师的要务在于依循事理、施行道义。只要事理被依循，道义得以树立，那么老师的地位就尊贵了，王公大人对他们不敢轻慢，即使上至天子，去朝拜这样的老师也不会感到羞愧。凡君臣际遇，相互间的和谐不可强求。如果丢掉事理、放弃道义，去追求不可强求的东西，并想要人们尊重他，这不也太难了吗？所以，老师一定要依循事理、施行道义，然后才能尊显。

初读《论语·子罕》：子畏于匡，颜渊后。子曰："吾以女为死矣。"曰："子在，回何敢死？"这里能读出颜子情真，他对老师是一片赤子深情。再往深了读呢，方知颜子慧深，师与生乃是性命之传。《吕氏春秋·尊师》言："天子入太学，祭先圣，则齿尝为师者弗臣，所以见敬学与尊师也。"天子进太学去祭拜先人，就不把曾经当老师的人作下人看待，而是与他们齐列。古人敬学尊师若此。

由此，我们想到当今社会，推动教育良性发展的根本力量在教师，而教师这一行业的前景有赖于有影响力的为政者和领导者。《礼记》云："下之事上也，不从其所令，从其所行。上好是物，下必有甚者矣，故上之所好恶，不可不慎也，是民之表也。"有影响力的人都尊师敬学，重视师范生与在职教师的发展，其他人定会纷纷效仿。师范院校是全国最重要的教师培养机构，只有吸引更多优秀人才前去就学，让更多优秀教师活跃在各领域，社会才能持续进步。

第九章　进学之道

【本章略启】

　　这一章对善学、善问和善答的利弊进行了对比分析，并指出这些都是促进教学、提升学生学习效果的重要方法。文中继续对能够成为良师的资格和如何灵活施教加以阐述。如果仅仅拥有一些死记硬背的知识或理论，那是远远不够的。真正优秀的教师，要非常善于倾听，在合适的时机启发学生。教师启发讲解之后，即便学生短时间内无法一时领悟，也不要强求，可以先放一放，沉淀一下，后续也许会有转机。

【原　文】

善学者，师逸而功倍，又从而庸之；不善学者，师勤而功半，又从而怨之。善问者如攻坚木，先其易者，后其节目；及其久也，相说以解。不善问者反此。善待问者如撞钟，叩之以小者则小鸣；叩之以大者则大鸣；待其从容，然后尽其声。不善答问者反此。此皆进学之道也。

记问之学，不足以为人师。必也其听语乎！力不能问，然后语之；语之而不知，虽舍之可也。

【时牧解】

善学者，师逸而功倍，又从而庸之；

9.1　善学的学生什么样儿？

颜回善学　如保赤子

什么叫"善学者"？既爱学习、又学得好的学生，这样的学生哪个老师不喜欢？老师稍稍点拨就能达到很大的效果——"师逸而功倍"，就连孔老夫子也不免偏爱这样的好学生。鲁国国君鲁哀公曾问孔子，弟子中谁最好学？孔子的回答是：颜回。鲁国的权臣季康子也曾问过同样的问题，孔子的回答仍是：颜回。孔老夫子虽有弟子三千，但他认为除颜回之外，还真没有其他可称得上"好学"的学生。

颜回在学业上的优秀自然是没话说，连位居"孔门十哲"之一的子贡都感叹，自己和颜回难以相比，"回也闻一以知十，赐也闻一以知二"。老师孔子也一同感慨："弗如也，吾与女弗如也。"可见，颜回的聪慧是少有人可及的。不仅如此，颜回还具备无人可及的勤奋和进取心，孔子曾说"语之而不惰者，其回也与"，"吾见其进也，未见其止也"，这都是颜回精进不懈的写照。如果说，天才是百分之一的天赋加上百分之九十九的汗水，那么我们可以说，颜回正是这样的天才。

我们欣赏聪明，更追求智慧；不仅仅赞叹高超的天赋与特长，更向往深广的境界与格局。中华民族的"学"，不仅仅需要在学业上下功夫，更重要的是心性的提升和生命的圆满。颜回对老师的维护与尊重，"子在回何敢死"是因为他在同一个境界上"看"到了老师。他守护的不只是老师，更是老师所传的"道"，《尚书》曰："若保赤子，惟民其康义。"对自己的心，如保赤子；对这个世界，如保赤子。

师逸功倍　从而庸之

再回到颜回这个善学的学生。他是孔门十哲中德行科第一，被尊为"复圣"。孔子称赞他能做到"不迁怒，不贰过"，听上去容易，但要在日常生活中真正做到、经常做到，以至于"其心三月不违仁"，需要超乎寻常克己修身的功夫。

颜回"一箪食，一瓢饮，在陋巷，人不堪其忧，回也不改其乐"，他不被物困，超然解脱，道充心安。教导颜回，孔子不用花费太多功夫，而颜回有没有把功劳全部归为自己的聪明好学、严于律己上呢？没有，他认为是老师教育有方。"夫子循循然善诱人，博我以文，约我以礼，欲罢不能"。他形容老师"仰之弥高，钻之弥坚"，遥不可及。这不是他的阿谀逢迎，而是他发自内心对老师的敬仰与赞叹，正如此处所说，善学者"又从而庸之"。

子贡曰："贫而无谄，富而无骄，何如？"子曰："可也，未若贫而乐，富而好礼者也。"看一个人的高度，要看他人生低谷之时；看一个人的修养，要看他志得意满之时。颜回是数千年来读书人的榜样，或许他天生的聪颖不是人人所能及，那么他的哪些方面又是我们可以效仿的呢？想成为颜回一样的"善学者"，我们可以怎样做呢？

9.2　思考与静虑有多重要？

只学无思　无有受用

《论语·为政篇》中有言："学而不思则罔，思而不学则殆。"这里的"思"，指的是结合生活实践加以慎思。意思是只学不思会迷惑，只思不学有危险。相对于"只思不学"，"只学不思"的情况更为普遍。比如，有些孩子看着特别勤奋，每天在学习上花很多时间，可总没有什么太大的效果，可能就是在"只学不思"上出了问题。那么思考在学习中占据多重要的位置呢？

如果把"学"比作吃饭的过程，那么"思"就是转化为营养的吸收过程，只有"思"才能把书本的知识、别人的道理，转化成自己的学问来灵活运用，而不是死记硬背、生搬硬套。所以，无论学知识还是学道，目的都是把语言文字的表象转化为内心的真实受用，而此过程既需要以"学"来摄入，更需要以"思"来转化。

就学知识而言，通过思才能触类旁通、举一反三；就学技能而言，通过思才能将理论变成实践；就学道而言，通过思才能将圣人之理化为内心之"道"。如果只学无思，便是只有摄入而没有转化，无论理论知识或是圣人知见，都无法纳入己心，便会迷惑依旧，遇事仍然不知所措（学而不思则罔）。

术上要思　道上无思

举例来说，如果孩子们中考、高考前必须要刷题练习，也没必要一味追求数量，更需要讲究质量。这就需要通过深入的思考，掌握题目背后的规律，将一种题型的本质弄通，然后举一反三，这样的类型都会做了，自然就不用浪费太多的时间来重复做题。正是因为"善学者"懂得思考，所以他们花费更短的时间，采用更高效的方式，就可以达到别人同样甚至更高的高度，韩愈在《进学解》中说道："业精于勤，荒于嬉；行成于思，毁于随。"

思考有深浅之分、难易之分，需要善于运用大脑、开发大脑，也需要不断地练习。如果说这些都是运用"术"来"思"，那么我们如何运用"道"来"思"呢？这里就和前文提到的以恭敬启"慧命"、以身心传"道统"有关了。《易经·系辞》言："易无思也，无为也，寂然不动，感而遂通天下之故。""术"上要思，"道"上却要无思。"静虑"可以用来注解"无思"，无思而能感通，无思而能有得。《大学》有这样的描述："知止而后有定，定而后能静，静而后能安，安而后能虑，虑而后能得。"关键在一个"静"字。传统文化的修行在于心与物相交时，相交的过程就是"爻"，也就是"变"的意思。外在景象来到心上，如果扰乱了自己的心，心里不能定而后静、静而后安，则很难升起智慧。古语云："定慧一体，不是二。定是慧体，慧是定用。"方为无思而思！

干净真诚　畅达天性

老祖宗流传下来的"善学"之方，不仅仅教人要学会思考，还教人要练就"静"的功夫。且不仅仅是心的安静，更是心的纯净与平和。那些有着超常直觉力的艺术家、科学家，往往内心都特别干净真诚；那些有着超凡智慧、深刻洞见的大觉悟者，也总是保持着内心的平和，没有宠辱若惊的大起大落。纯净、宁静、真诚与智慧，也就是一个静的本质所呈现出来的不同面向，彼此之间相辅相成。

"非淡泊无以明志，非宁静无以致远"，降低过多的欲望，抚平内心的汹涌澎湃，让心慢慢沉淀下来，如镜子一样照见万物与真实的自己。此时，本具的智慧自然显现。

才华要不断增益，是为要"思"；心上要不断减损，是为"无思"。《吕氏春秋·尊师》云："故凡学，非能益也，达天性也。能全天之所生而勿败之，是谓善学。"善学不仅能增益知识，更指畅达人的天性。能够保全来自上天的禀赋而不败坏它，就叫作善于学习。

不善学者，师勤而功半，又从而怨之。

9.3 孩子"不善学"怎么办？

超越问题　直达本质

"不善学者"就像一辆自己不启动、甚至还拉着手刹的车，靠别人一个劲儿在后面推着走，往往"师勤而功半"。既然车开不动，那就得先找到是外部环境的原因，还是内在动力的问题。到底是家庭、学校、老师、朋友起到了负面作用，缺少了"和"的氛围，让心没有打开，还是孩子自己没有立志，缺乏人生意义的认同感，对未来没有希望呢？

此时最重要的是帮助孩子找到问题的根本，而不是老师、家长仍一味地强拉硬拽。如果我们"道而牵，强而抑，开而达"，不仅不能解决问题，还有可能引发孩子更强烈的抵触心，"又从而怨之"，事情可能就朝着更负面的方向发展了。找到问题所在，往往比给出答案更重要，而解决问题又需要超越问题本身。孩子出现的学业问题，其实背后是关系、观念、情志、心性层面的问题（学者有四失，教者必知之）。

孔子因材施教的案例给我们现在的教育很大的启发。子路问曰："闻斯行诸？"子曰："有父兄在，如之何其闻斯行之？"冉有问："闻斯行诸？"子曰："闻斯行之。"公西华曰："由也问闻斯行诸，子曰'有父兄在'；求也问闻斯行诸，子曰'闻斯行之'。赤也惑，敢问。"子曰："求也退，故进之；由也兼人，故退之。"

《吕氏春秋·尊师》中说："子张，鲁之鄙家也；颜涿聚，梁父之大盗也；学于孔子。段干木，晋国之大驵也，学于子夏。高何、县子石，齐国之暴者也，指于乡曲，学于子墨子。索卢参，东方之巨狡也，学于禽滑黎。此六人者，刑戮死辱之人也。今非徒免于刑戮死辱也，由此为天下名士显人，以终其寿，王公大人从而礼之，此得之于学也。"子张是鲁国的鄙俗小人，颜涿聚是梁父山上的大盗，他们向孔子学习。段干木是晋国的市场经纪人，向子夏学习。高何、县子石，是齐国的凶恶残暴的人，在乡里受指责，向墨子学习。索卢参是东方闻名的狡猾之人，向禽滑黎（墨子的大弟子）学习。这六个人，是本该受到刑罚、处死、侮辱的人。如今，他们不仅免于受到刑罚、处死、侮辱，还从此成为天下知名的人，终其天年，王公大人跟随他们并礼待他们，这些都是从学习中得到的。

根上入手　建立信心

历史上的这些人物，在遇到良师而跟随学习之前，有不少都是走错了路的人。但他们仍然具有极大的潜力，这说明了人的可塑性。正如唐太宗曾经说："玉虽有美质，在于石间，不值良工琢磨，与瓦砾不别。若遇良工，即为万代之宝。"

当遇到孩子出现"不善学"的问题时，父母有可能自己首先就不淡定了，往往在内心生出诸如焦虑、内疚等复杂情绪。由于不知道何处入手，又可能生出做一天和尚撞一天钟、掩耳盗铃自我欺骗或破罐子破摔的消极情绪。这时候父母应该先调整自己的状态，虽然当下情况也许很难，但孩子的人生并没有就此毁掉，要相信一个人的潜力是不可摧毁、无穷无尽的。我们的孩子不论现在年纪大小、目前"不善学"之程度多少，他们内在仍然有向学成才的种子。有一名人曾被问道：这一生中对他的成功影响最大的因素是什么？他说，是他父亲对他的无穷无尽的信心。

《学记》不仅仅是祖先圣贤讲给孩子和教育工作者听的，它还是讲给每个人听的，因为人的一生都是学的过程。孩子出现的问题，对大人是很大的考验，也恰恰是因为这样困难才能够迫使我们自己成长。面对孩子的不善学，如果家长能及时学习，不断提升自己，暂时的困难就不算什么，内心定静的人看得清方向，一定会找出适合自己孩子的方法；如果自觉自身高度与境界还不够，首先要做的是提升自己的心灵品质与生命状态：我与自己、与家庭、与他人、与自然天地的关系，我们对周围一切的态度，都可以折射出我们自身的观念、情志、心性。《菜根谭》云："心者，后裔之根，未有根不植而枝叶荣茂者。"

善问者如攻坚木，先其易者，后其节目；及其久也，相说以解。不善问者反此。

9.4　提问有什么智慧?

由易到难　逐次而解

所谓"善问"，就像砍伐坚硬的木头一样，先从容易的地方着手，再砍关节部分。所谓"不善问"，就是先去处理木材的节疤，跳过由易到难的次序，直接从费力的地方入手，这就很难真正解决问题。这里是在指导教育者要善于提问，从浅的地方问起，不要一下子就问得很深。这样做，师者可以清楚地了解学生的水平在什么程度，然后因材、因机施教，正是前文所说"君子知至学之难易，而知其美恶，然后能博喻"。

即便是一个简单的问题，也可以由这个问题逐层深入，不断提问而导向事物的本质。在这样的逐次挖掘追问探索后，触到问题本质，就像登山登至最高处，回头再看到过去的各种障碍，会有"一览众山小"之感。这是经过不懈的"上下求索"，才到此境地。一个人的意识状态也已经超越了之前问题出现的层次，出现"及其久也，相说以解"的学习效果。少年王阳明曾赋诗表达这种感受："山近月远觉月小，便道此山大于月。若人有眼大如天，还见山小月更阔。"

博学审问　皆有所至

《中庸》有言："博学之，审问之，慎思之，明辨之，笃行之。"由此，形象地表达了这个学习过程。博学是广泛涉猎了解，是趋向本质之峰的基础；审问是向山峰前进，在学的过程中就地追问；慎思是真诚地思考，敞开心胸与思路；明辨是趋近山峰后的结果，通过逐步追问，已经能辨明问题的本质了，才能正确地笃行。

由于这种学习并非是他人给出现成的答案，而是自己一步步亲身攀登山路获得的真知，使事理与心悟最后贯通为一，从而能够精神凝定、厚积薄发。孟子曰："君子深造之以道，欲其自得之也。自得之，则居之安；居之安，则资之深；资之深，则取之左右逢其原。""学问"实质是"学习提问"的过程，而后主动思考、择善而从。

反之，一下子问得很难很深，师者就有可能无法了解学生的真实水平，且所问之问不仅不会起到"和易以思"的作用，还可能导致学生感到畏难、无所适从、失去信心，或引起追求新异和空谈的浮夸学风，不能脚踏实地学习。阳明先生曾经点评儒家圣贤之学，说道："圣贤之学，坦如大路，但知所从入，苟循循而进，各随分量，皆有所至。后学厌常喜异，往往时入断蹊曲径，用力愈劳，去道愈远。"他强调儒学要简练平实，通过实践磨炼来悟道，"坦然由简易，日用匪深玄"。

善待问者如撞钟，叩之以小者则小鸣；叩之以大者则大鸣；待其从容，然后尽其声。不善答问者反此。此皆进学之道也。

9.5 答问有什么智慧？

叩小小鸣　叩大大鸣

善学善问还不够，教师们如何善于回答问题，也十分讲究。举例来讲，善于回答问题的人就如同撞钟：被撞击的力度小，共鸣回应的声音也会小；被撞击的力度大，共鸣回应的声音也会大。撞击后留待钟声从容回响，直到余音悠扬，袅袅而尽。如同被问的问题浅显，则浅显作答；被问的问题深奥，则深奥作答。回答问题不要很仓促，而要留给提问者充分回味和消化的时间。不善于回答问题的人，其做法恰恰相反。

《荀子·劝学》有言："问楛者，勿告也；告楛者，勿问也；说楛者，勿听也。有争气者，勿与辩也。故必由其道至，然后接之；非其道则避之。故礼恭，而后可与言道之方；辞顺，而后可与言道之理；色从而后可与言道之致。故未可与言而言，谓之傲；可与言而不言，谓之隐；不观气色而言，谓之瞽。故君子不傲、不隐、不瞽，谨顺其身。《诗》曰：

'匪交匪舒，天子所予。'此之谓也。"

这段话的意思是：如果有人前来向你请教不合礼义之事，不要回答；如果有人前来诉说不合礼义之事，不要去追问；如果有人在你面前谈论不合礼义之事，不要去参与；态度野蛮好争意气的，别与他争辩。所以，一定要是合乎礼义之道的，才给予接待；不合乎礼义之道的，就回避他。因此，对于恭敬有礼的人，才可与之谈道的宗旨；对于言辞和顺的人，才可与之谈道的内容；态度诚恳的，才可与之论及道的精深意蕴。所以，跟不可与之交谈的交谈，那叫作浮躁；跟可与交谈的不谈，那叫怠慢；不看对方回应而随便谈话的叫盲目。因此，君子不可浮躁，也不可怠慢，更不可盲目，要谨慎地对待每位前来求教的人。

态度恭顺　进学受教

荀子首先将"礼义"作为叩问的标准，对待不合礼义的人与事，采取"不回答、不追问、不参与"的态度。好争意气的人一般听不进别人的话，多说无益，不应与之争辩。恭敬有礼、言辞和顺、态度诚恳的人，方可进入"叩之以小者则小鸣；叩之以大者则大鸣"的进学之堂，学问才可以真正开始。

孔子可以说是"叩小鸣小、叩大鸣大"的典范。《论语》中记录的他与弟子的对答，处处流露出他针对不同弟子的学习水平因材、应机作答的智慧。例如《论语·里仁篇》中写到孔子教导曾参，子曰："参乎！吾道一以贯之。"曾子曰："唯。"子出，门人问曰："何谓也？"曾子曰："夫子之道，忠恕而已矣。"孔子在对他教导时，只是说"吾道一以贯之"，曾子便马上明白了，只答应了一个"唯"字，正是"叩大鸣大"。但是这个"一以贯之"之"一"，对其他门人却显得深奥难懂，所以老师离开后，曾子对他们解释说："老师所教，是忠恕两个字而已。"尽己之心待人是"忠"，推己之心及人是"恕"，两个字都与心有关，忠恕之道就是仁道。对于像司马牛这样多言而躁的学生来问问题，孔子"叩小鸣小",教导他"仁者,其言也讱",能够做到慎言守信就好。

待其从容,然后尽其声。不善答问者反此。此皆进学之道也。

9.6 为什么"慢慢来,比较快"?

天君泰然　百体从令

"待其从容,然后尽其声"是说,等问者逐渐明白畅达、从容无迫时,老师的回答也就如钟声的余音般渐止。善于答问的老师不是针对问题本身作出解答,而是会洞悉学生现在的学习程度,还有哪些相关联的问题或者更深层的问题,是学生需要明白却没有问到的,老师进而做出整体的启发和引导。

"从容"这两个字意味深长,会等待学生"从容"的师长,也必有一颗"从容"的心。在一个快节奏的时代,要智慧地守护每一颗种子慢慢地成长,需要师长练就淡定从容的心态。现代人每天接触大量的信息,容易造成大脑的纷繁杂乱与心灵的无所适从。阳明先生的弟子欧阳德曾经感叹:"寻常意思多忙,有事固忙,无事亦忙,何也?"欧阳德感到,使内心凝定是很难做到的。在日常生活中,心意多处于烦乱的状态,有事的时候固然忙,无事的时候也忙。在现代的信息社会,这种现象有过之而无不及。

当外在景象来到心上,如果内在不能心平气和,做事情就是"以乱应乱"。阳明先生答复欧阳德:"天地气机,元无一息之停。然有个主宰,故不先不后,不急不缓,虽千变万化,而主宰常定,人得此而生。若主宰定时,与天运一般不息,虽酬酢万变,常是从容自在,所谓'天君泰然，百体从令'。"这里的"天君"就是自己的心，心即主宰。心若能定，则百体从令。

待其从容　乃尽其声

师长有从容的心态，就不会"杂施而不逊"。前文提到，"君子知至学之难易而知其美恶，然后能博喻"。老师站在山顶上，根据不同学生的情况，制定了不同的登山导航方案。有的学生慢一点，老师的指点就适可而止，给其时间让其摸索消化。"人未安之又进之，未喻之又告之，徒使人生此节目，不尽团，不顾安，不由诚，皆是施之妄也。教人至难，必尽人之才，乃不误人，观可及处，然后告之。"有的学生速度快，老师要助他更上一层楼，但同时需留心浮夸骄傲的情绪阻碍学生的进步。"人之才足以有为，但以其不由于诚，则不尽其才。"

不管学生是快是慢，老师先要做到心中有数，"待其从容"，然后再进一步点拨指引。清代焦循在《礼记补疏》中注解道："凡撞钟，其声悠长不即尽。今待问者小叩小鸣，大叩大鸣，亦不即尽说之，待其意有所进而复问，乃以前未尽之说，极说以尽之。如始撞钟一声悠长，未遂尽，待重撞一声，此声合前未尽之声，极成其盛而后尽之。"也就是说，除了"小叩小鸣，大叩大鸣"，师长先不必尽全告知，等到学生咀嚼回味一番，再来求教时，"乃以前未尽之说，极说以尽之"。学习绝非一条直线，而是螺旋形的。学生不断地回到那些他们曾经以为已经明白了的事物上，从而发现更深的真相。

不善答问的人，就会犯"问高答低、问低答高"的错误，也不能妙用"待从容、尽其声"的施教之智。"善学、善问、善答"的进学之道，说到底是"善宗"之学和"善中"之学：对内格物致知、正心诚意，对外不偏不倚、应人应机。这一生就是进学之道，成一个"大人"，育一方"君子"，以终为始，因此也是"善终"之学。

记问之学，不足以为人师。必也其听语乎！

9.7　善于倾听是听什么呢？

师术有四　博习不与

善答问者能灵活地给不同的学生最需要、最合适的解答，就像是技术高超的老裁缝懂得量体裁衣一样。不善答问者只会一种标准答案，就像录放机刻板地播放，毫无生机，只有这种"记问之学"水平的人，是不足以做一名合格的老师的（记问之学，不足以为人师）。一个优秀的老师教人发现真理，而一个平庸的老师只懂得传送真理。

《荀子·致士》云："师术有四，而博习不与焉：尊严而惮，可以为师；耆艾而信，可以为师；诵说而不陵不犯，可以为师；知微而论，可以为师。故师术有四，而博习不与焉。"成为老师的方法有四种，知识渊博尚不在其中。有尊严而令人敬畏，可以做老师；年长而令人信服，可以做老师；诵读讲说经典而有条理、不凌乱，可以做老师；知道人事精微之处而善于阐发微言大义，可以做老师。

荀子提出的以上做老师的四点，都是把"如何做事"放在比"做什么事"更重要的位置上。生活处处是学问，学问都在五伦关系中。网上流行一句话"道理听了这么多，仍然过不好这一生"，也是因为这个时代已经不乏"记问之学"，鼠标的一次点击，就可以让人链接到世界上最优质的知识信息和教育资源。但如何使用这些资源和信息助力自己的学习与成长呢？如何让学生走入实际生活后，能够在人群中成为受尊敬、充分施展其才华的独立个体呢？这是比"记问"更有意义和价值的学问。

听他心声　听自在心

　　《学记》这里讲，"必也其听语乎"，强调老师"听语"的重要性。"听"有两层含义：一是听学生的需要。当老师只是听见学生说出的表面语言时，他并不一定听懂学生了。人们语言的表达有时候是混乱的，没有逻辑的，甚至造成误解的。只有老师的心足够定静、足够清澈，他才能"听"见语言背后的心理状态和情感需求。老师慈悲地照见学生，智慧地"长善救失"，其教育行为便有"随风潜入夜，润物细无声"般的感化力量。

　　"听语"的第二层含义是听自己的良知，"听自在"。良知最舒坦之处便是心灵最自在之处，《学记》中一直强调，"良知为本师"。《孟子》载："昔者子贡问于孔子曰：'夫子圣矣乎？'孔子曰：'圣则吾不能，我学不厌而教不倦也。'子贡曰：'学不厌，智也；教不倦，仁也。仁且智，夫子既圣矣。'"孔子自谦自己并非圣人，只是做到了"学不厌而教不倦"。子贡评价说，学不厌是智，教不倦是仁。这两者并非因果关系，而是同时存在的。

　　一个时时回归自己良知的智慧之人，自然而然会对他人流露出坦恻的仁爱之情。由于这是一种心灵欢迎的感情，人就会产生回家般的"自在"之感。反之，当一个人对外在无法升起慈爱之情，就需要听内在的声音：此时是否远离了良知呢？并非要等到外境变好了，心才会感到慈爱，事实往往相反——天下没有其他人，只有自己，外境随心转。王阳明诗云："人人自有定盘针，万化根源总在心。却笑从前颠倒见，枝枝叶叶外头寻。"

力不能问，然后语之；语之而不知，虽舍之可也。

9.8 启发式教学是怎样的?

学业层面 和易以思

在学业层面，"力不能问，然后语之"，指的是当学生目前的程度还无法提出问题时，就需要老师的启发，循循善诱地引发学生来思考。如果有些知识技能不管老师怎么讲，学生都学不会，可能是教学时机没到，可以暂且搁置不教，等时机成熟后再教（当其可之谓时），正所谓"语之而不知，虽舍之可也"；在心性层面，如果学生还不能够反思自己的言行，老师要引导他"致良知"。心性的开启也有时机，老师自己经历很多次的立与破、迷与觉，也就能明白学生的立与觉也需要耐心地等待，"语之而不知，虽舍之可也"。

"道而弗牵则和，强而弗抑则易，开而弗达则思。和易以思，可谓善喻矣"，用"和易以思"的"善喻"原则，提供一个可以操作的启发式教学法。首先，老师有没有直接给答案？如果没有，而是"听语"的，就符合"思"的原则。其次，当学生"力不能问"时，老师有没有批评指责？如果没有，而是循循善诱地"语之"，就符合"和"的原则。最后，当"语之而不知"时，老师有没有越过学生的能力去强行施教？如果没有，而是把难题放置一边，先从简单的来，符合"易"的原则。

我们要孩子在学中行，我们自己同样也要将理论付诸实践，这对老师和家长都适用。比如"和易以思"的原则，就可以运用、落实在点滴的教育行为上。在与孩子的学习互动中，我们可以细心观察：气氛够"和"吗？足以让孩子敞开心扉吗？所学"易"吗？有没有超过他的能力范围而让他心生畏惧呢？孩子愿意主动"思"吗？我们做好倾听者和引导者的角色了吗？"和易以思"需谨记于心，临到事情时用来随时提醒自己，大方向便错不了。

心性层面　固本培元

《传习录》中收录了阳明先生的《训蒙大意》。开篇说："古之教者，教以人伦。后世记诵词章之习起，而先王之教亡。今教童子，惟当以孝、悌、忠、信、礼、义、廉、耻为专务。其栽培涵养之方，则宜诱之歌诗以发其志意，导之习礼以肃其威仪，讽之读书以开其知觉。"阳明先生认为，歌诗、习礼、读书等事的最终目的就是提高学生的"涵养"。

他写道："每日清晨，诸生参揖毕，教读以次。遍询诸生：在家所以爱亲敬长之心，得无懈忽，未能真切否？温凊定省之仪，得无亏缺，未能实践否？往来街衢，步趋礼节，得无放荡，未能谨饬否？一应言行心术，得无欺妄非僻，未能忠信笃敬否？诸童子务要各以实对，有则改之，无则加勉。教读复随时就事，曲加诲谕开发，然后各退就席肄业。"

我们可以把这一段称作"灵魂的拷问"，与曾子所说的"吾日三省吾身：为人谋而不忠乎？与朋友交而不信乎？传不习乎？"有异曲同工之妙。在清晨的教读开始前，先让学生回思自己日常言行是否符合为人处事的原则，随后在教读文句时"随时就事"，穷义理，发议论，语之不倦。有人或许问：老跟学生讲这些有用吗？曾国藩说："以言诲人，是以善教人也；以德熏人，是以善养人也，皆与人为善之事也。"在心性层面的启发式教导上，这种晨问昏省，不失为一种可以落实在教育中的良好方法。

第十章　志学志本

【本章略启】

　　针对如何有助于君子立志求学，本章巧妙运用比兴手法加以阐述，论及"良冶之子、良弓之子、始驾马者"。然后用鼓对"五声"的协调、水对"五色"的融和、学习对"五官"的调治、师者对"五服"亲密关系的促进，类比学习对于提升君子德行的重要作用，以及师者对于促进社会民风民俗和谐融洽的巨大帮助。本章讲君子之"务本"，即"孝悌"与"改过"，与"中庸"之本，二者一内一外、内外不离，也呼应前文"长善救失"的教育之本，以及"敬天、法祖、尊师、孝亲、重道"的民族之本。

【原　文】

　　良冶之子必学为裘，良弓之子必学为箕，始驾者反之，车在马前。君子察于此三者，可以有志于学矣。

　　古之学者，比物丑类。鼓无当于五声，五声弗得不和。水无当于五色，五色弗得不章。学无当于五官，五官弗得不治。师无当于五服，五服弗得不亲。

　　君子曰："大德不官，大道不器，大信不约，大时不齐。"察于此四者，可以有志于本矣。三王之祭川也，皆先河而后海。或源也，或委也。此之谓务本。

【时牧解】

　　良冶之子必学为裘，良弓之子必学为箕，始驾者反之，车在马前。君子察于此三者，可以有志于学矣。

10.1　求学从哪里入手？

难作于易　循序渐进

　　这里用了三个比喻，告诉我们求学的奥秘：优秀铁匠的弟子，要传承老师铸铁的技艺，必须先要学会用碎皮布缝制裘鼓；优秀弓匠的弟子，要传承老师造弓的技艺，必须先要学会用柳枝编织成簸箕；小马驹刚开始学习驾车，不是直接和大马一起走在车子前面驾车，而是被拴在车子后面跟着走，逐步适应，为最终达到独立驾车打基础。

从方法上来讲，学习任何知识和技艺，都要遵循先易后难的次序。《道德经》云："图难于其易，为大于其细。天下难事，必作于易；天下大事，必作于细。是以圣人终不为大，故能成其大。"要做大事业，都需要从小而易的事情循序渐进。同样，学生要习得深奥的知识和智慧，需要先打好扎实的基本功。基本功往往是在别人看不见的地方，比如碎皮布做裘、柳枝编簸箕、小马跟车跑，这时候学生是没有良冶、良弓、良马的实际本领并不被他人认可的，但却是很关键的积累和沉淀时期。就如孔子告诫求学之人："无欲速，无见小利。欲速则不达，见小利，则大事不成。"

据《史记·司马迁传》载，司马迁从小读书非常用功，童年时就学会了当时所通行的文字，十岁开始阅读古文典籍。十岁以前，他遵父命去学习耕地和牧畜，以体验社会生活。为了开阔眼界，打下学问的基础，父亲让他拜有名的学者为师，他曾向孔安国学习《尚书》，向董仲舒请教孔子作《春秋》，虚心学习他人之长处。二十岁时，在父亲的支持和鼓励下，司马迁离开长安优越的生活环境，前后二十年，行程数万里，所到之处对当地的历史、地理、风土人情、轶闻趣事，都作了深入调查和详细的记录，积累了丰富的资料。《道德经》云："合抱之木，生于毫末；九层之台，起于累土；千里之行，始于足下。"他前半生踏踏实实地学习与生活游历，四十一岁时开始写《史记》，默默耕耘十四年，终成"史家之绝唱，无韵之离骚"。

礼闻来学　降伏其心

从心法上来讲，学习的关键在于立志向学。从哪里可以看到志向是否起来了呢？从小事的操习之中。碎布做裘鼓，能忍受这种日复一日的重复工作吗？柳枝编簸箕，能吃得了苦而不轻言放弃吗？车在小马前，能弃绝轻浮傲慢之心而真诚谦虚地在人后学习吗？"察于此三者"，便知道求学的要领了。

古时候，学一门知识或技艺，必须先做三年甚至多年学徒，一是"降伏其心"，二是精进求学。学生选择良师之后，相信老师的人格与学识，对老师有发自内心的热爱与尊敬，则学习起来事半功倍。反之，学起来则会特别难。学生的吸收程度，取决于学生的恭敬心与信任度。

所以，授人先收心，教学教愿意。学生愿意在日复一日的琐碎学习中沉淀，愿意主动吃苦而不改初心，愿意甘居人后而保持敬心。马一浮先生曾拒绝蔡元培校长发出的北大任教的邀请，回电八个字流传至今——"礼闻来学，未闻往教"。如果不管学生愿不愿意学，家长、老师就开始用力地教，往往"师勤而功半"，学生既不知道感恩珍惜，也吸收不进所授之学。古人看起来多用了数年时间降伏学生的心，却是"磨刀不误砍柴工"。这里也在提醒我们现代的教育者，教育最重要的是先打开孩子的心。

古之学者，比物丑类。

10.2 学"道之平等"为何能从根本上减少教育焦虑？

物有差别 大道平等

"古之学者，比物丑类"，"丑类"就是归类的意思。整句话可以这样理解：古代的学者，善于通过对同类事物进行比较、剖析、挖掘，推导出事物内含之哲理，把握其内在规律。归纳总结后，由此及彼、举一反三、触类旁通，达到以无形决定有形、以道驭术的境界。

《道德经》言："有物混成，先天地生。寂兮寥兮，独立不改，周行而不殆，可以为天下母。"道主宰万物，在天地形成之前就存在；在天地形成之后，遍布在所有物类之中，周行而不殆。古代的学者"比物丑类"，在有差别的天地万物中看到大道平等，无处不在。如果执着于"我"与"外部世界"的区别、此一物与彼一物的区别，我们就是把自己和"整体"对立起来，就会在思想与生活中制造"二元性"。人处在对立的二元之中，便难以见事物的真相。

平等性智　调御差别

对孩子的爱与教养，怎么做才能从根本上减少教育焦虑呢？就是要升起平等心，开"平等性智"。如果觉得自己的孩子跟其他孩子不一样，非要把控和执着孩子走哪一条路，那不管外在条件多好，父母的心已经是在持续的对立之中了，矛盾与痛苦就无法避免。

教育并不是单单为理想中的美好人生做准备，教育过程本身就应该是现实的美好人生。如果教育的过程和父母的期望始终处在矛盾对立的痛苦之中，那教育的价值又在哪里呢？

这里并不是说，要强行把自己的孩子与其他孩子视作一样对待，而是看到所有孩子的本性与潜力并无不同，只是特质倾向与成长环境有别，内心能够升起慈爱心与平等心；也不是说要放任自流撒手不管，一点不给孩子提供教育选择，而是乘时而为、物来顺应，在选择和拥有中不执着，时时能放下。心离物，才能更好地思物；放下爱，才能好好爱。

鼓无当于五声，五声弗得不和。水无当于五色，五色弗得不章。学无当于五官，五官弗得不治。师无当于五服，五服弗得不亲。

10.3 学是为了"调御与平衡"？

鼓定五音　水和五色

无论是丝竹类乐器，还是金石类乐器，其发音都在宫、商、角、徵、羽的五声调之中。唯有革音之乐的鼓是个例外，不属于任何一种声调。然而，鼓却是群音的首领。所谓"鼓琴瑟"，就是琴瑟开弹之前，先有鼓声作为引导。如果没有鼓定音，就不能使五音和谐。关于五色的记载，最早见于《周礼·考工记》："杂五色，东方谓之青，南方谓之赤，西方谓之白，北方谓之黑，天谓之玄，地谓之黄。"即"青、赤、白、黑、黄"五色。水不在五色之列，但若没有水调和，五色就不能更好地表达与彰显（鼓无当于五声，五声弗得不和。水无当于五色，五色弗得不章）。

鼓是自由的，它既是乐器，也是指挥，能够随外界环境变化而变化，有调御与平衡之用。水并非颜料，但无水不成色，能画靠水，浓淡靠水，枯润靠水，也有调御与平衡之用。学并不在五官之列，但若不经过学习，我们就驾驭不了五官，让它合理有度地发挥作用；教师也不在五服之列，但若没有老师的教导，五服关系就不能和融相亲（学无当于五官，五官弗得不治。师无当于五服，五服弗得不亲）。

五官在这里指六根，即眼、耳、鼻、舌、身、意。五服既可以指斩衰、齐衰、大功、小功、缌麻五种服丧用的丧服，指代家族中的五种亲戚关系；也可以指古代社会中的天子、诸侯、公卿、大夫和士五种官阶等级，这五种身份各自有着装的规矩和要求；还可以指侯、甸、绥、要、荒五种以国都为圆心的帝国统治范围。

收摄五官　知行合一

前文的类比，就是为了突出这里"学与教"的作用（学无当于五官，五官弗得不治。师无当于五服，五服弗得不亲），也是"调御与平衡"。调御什么呢？从"学"来说，是调自己的身与心，学为"正心"与"修身"，这是人类社会健康和谐的轴心。"诚意"是根本之功夫，落脚细微处，则是要"格物致知"，而后"五官弗得不治"。

孔子教导颜回："非礼勿视，非礼勿听，非礼勿言，非礼勿动。"也是在讲，善护己心，善护己身。对待外界来到"五官"前的"物"，以及由此引起的"识"，要有如临深渊、如履薄冰之感，《道德经》形容为"豫兮，若冬涉川；犹兮，若畏四邻"。对这个"识"保持觉察，真诚地面对自己，"所谓诚其意者，毋自欺也"，当止则止。《易经》"大有卦"云："火在天上，大有。君子以遏恶扬善，顺天休命。"君子取法于火，洞察善恶，为善去恶，顺天应道，则有"盛大富有，持盈保泰"之势。

有了"改过不吝，从善如流"的意识选择，还要在与一切人事物的交流中反复练习，直到它成为一种自然而然的思维习惯和行动方式，融入日常生活，利乐社会大众，当行则行。诗言："三千年读史，不外功名利禄；九万里悟道，终归诗酒田园。"真正的"知行合一"是断恶修善足够久之后，意识越来越纯净光明，直到每时每刻流露的念头都是干净无染的。非是"知后行"，而是"知即行"。前者是"行之苟有恒"，后者是"久久自芳芬"。

学无当于五官，五官弗得不治。师无当于五服，五服弗得不亲。

10.4 教是为了"调御与平衡"？

调御关系 五服和睦

"学与教"的作用（学无当于五官，五官弗得不治。师无当于五服，五服弗得不亲），是"调御与平衡"。从"学"的角度，是调御五官、平衡身心。那么从"教"的角度，则是调御与平衡自身与世界万物的关系。一个人要想幸福，关系和谐是关键；检验一个人的修行，就看他与身边的人事物的关系是否和谐。

调御平衡家庭关系，是为"齐家"，家中有觉悟的人，方能家和万事兴。《礼记·礼运》曰："父子笃，兄弟睦，夫妇和，家之肥也。"虽然老师不在五服之中，师道之尊却是五伦和的关键；调御平衡社会之民与事，是为"治国"；调御平衡国家的和谐、人类的幸福，是为"平天下"。所谓"仁者无敌"，即一个真正有仁德的人，他眼里没有敌人，全人类是祸福相倚、喜乐与共的整体，也正因为如此，别人也就不会拿他当敌人，而是愿意向他靠近。让人靠近，是慈悲的力量，这里也藏着人际关系的密码：清净无私的仁爱。谁来教导一个人"知本"呢？能开启我们慧命的师者。

传统文化可归结为：孝也，苟也。前者是孝悌，后者是改过。师者，以文化人，"孝""文"合为"教"，"苟""文"合为"敬"。"人之有道也，饱食、暖衣、逸居而无教，则近于禽兽。"教育意在"学以成人"，不教孝悌以忠不能成人，无教；不教改过以恕不能成人，亦无教。

父不替师　易子而教

有人问：父母是否可以代替师者的角色，对孩子做长期的教育工作呢？虽然凡事不可过于绝对，但我们仍然倾向于提倡，由不在五服之内的师者承担教育的职责。孟子曾经讲过"易子而教"的故事：公孙丑曰："君子之不教子，何也？"孟子曰："势不行也。教者必以正；以正不行，继之以怒。继之以怒，则反夷矣。'夫子教我以正，夫子未出于正也。'则是父子相夷也。父子相夷，则恶矣。古者易子而教之，父子之间不责善。责善则离，离则不祥莫大焉。"

公孙丑问孟子："君子不亲自教育自己的孩子，是什么道理呢？"孟子说：是由于在情势上行不通。教育孩子必定要用正道，孩子如果听不进去，父亲就会发怒，父子之间感情就会因此受到伤害。孩子也许会在心里说：'用正道教我，自己却不走正道。'这就是父子之间的感情受到了伤害而互相指责，父子之间感情受到伤害，就会使对方产生责备。古代人互相交换孩子进行教育，父子之间不加以责备。互相责备就会产生隔阂，产生隔阂就不利于家庭和睦。"

感恩天地　与天地参

亲子之间不仅要有爱，还要有敬。敬即感恩，能感父母之恩、感圣贤之恩、感天地万物之恩，都少不了老师的点拨和引导。明朝学者戴溪说："学何有于五官，然视、听、言、貌、思，非学则不得其正；师何有于五服，然五服隆杀，非师则恩义不笃。"现在的孩子普遍与天地万物无感，与圣贤无感，与社会关系无感，这是很大的问题。无感就会内心冷漠，冷漠的人既处理不好关系，也难以"开慧命、行大道、得真理"。

当一个人的言、思、行、悟，无不是发乎自然、顺应大道，此时即是"当止则止"的境地了。此时的止，是止于敬、止于至善、止于物我两忘。不再有"你""我"之执着，看到万物皆有灵，意识到自己与他人实际上是一体的，这是一种巨大的觉醒。《中庸》云："惟天下至诚，为能尽其性；能尽其性，则能尽人之性；能尽人之性，则能尽物之性；能尽物之性，则可以赞天地之化育；可以赞天地之化育，则可以与天地参矣。"

君子曰："大德不官，大道不器，大信不约，大时不齐。"察于此四者，可以有志于本矣。

10.5 为什么"大德不官"？

成人之美　忘功忘德

"学而优则仕"是人们的普遍认知，德才兼备的社会精英就是要起到带领与表率的作用，做为政化民的事，这是责任，也是光荣。"有德者能官"是我们的常规思维，但这里却说"大德不官"，又是为什么呢？

如果说"有德能官"是君子的责任，那么"大德不官"就是圣贤的境界。《论语》中，有人问孔子为什么不为政，孔子说："《书》云：'孝乎惟孝，友于兄弟，施于有政。'是亦为政，奚其为为政？"意思就是：为政并不在于形式，而在于其心。以"孝悌"之心起用并推而广之，做到"亲亲而仁民，仁民而爱物"，即是"为政"。即使没有当官为政的形式，但同样能起到教化影响的作用，使人心归正，这不也是正己化人的"为政"吗？

由此可见，越向圣贤之心靠近，就越接近天地化育之本怀，"当官为政"是外相，而"正己化人"是本质。践行本质可以通过"为亲、为师、为官、为君"来体现。这就是广泛在各行各业中，通过"默而识之，学而不厌，诲人不倦，何有与我哉"达到"各美其美，美人之美，美美与共，天下大同"的效果。子曰："君子成人之美，不成人之恶。小人反是。"君子以忘功忘德之境界全心全意为人民服务。

10.6 为什么"大道不器"？

不器为本　良师不器

"形而上者谓之道，形而下者谓之器。"形而上的道，无形无相，生育天地，长养万物。"器"如有形的器具，正是因为有形，才决定了其用途，就像碗用来盛饭、桶用来装水。《论语》有云："君子不器"，"不器而为诸器之本也。"

人如何做到"不器"？"不器"的真正意涵是"无我"。大道之行，天下为公。将自己的心量变得广大，包容天下万物，对自己不再固执执着、看重计较得失，对所有一切能一体同观、无私奉献，达到"宇宙即我心，我心即宇宙"的境界，便是与大道相应的"不器"。

真正能志于道、据于德的高明之师，绝不将自身固定为某一器。唯"不器"，方能为"任意之器"，方能成"大器"。基础教育中，特别是低学段，则更需要通才与全才之师。师者若想道德学问广、胸怀心量大，就切忌把自己变成某一"器"，这是"随机应变"的智慧。基础教育之师，更应该见多识广、广博多闻，各门功课都能拿得起、放得下，也就是现在所说的"复合型人才"，教得了书，育得了人。唯有"不器"，才能因人而异、因材施教，照顾到每一个孩子的心理变化、德育校正、学习辅导和特长培养。

不器而器　是为大器

　　我们当前的教育需要进一步加强的便是"不器"之育。如果从小在各方面培养孩子的技能（器），但忽视志学之育、仁德之教（不器），孩子一生的发用终究是有限的，甚至是被耽误的。我们无法以现在有限的眼光去预测未来社会的需要，然后根据这种预测，去培养孩子某些方面的技能。

　　漫画家蔡志忠先生，9 岁立志想做漫画家时，当时社会上并没有这个职业。他从 4 岁开始非常喜欢画画，哪怕画广告招牌也愿意。那时候中国台湾最受欢迎的是武侠小说，他就给流行的武侠小说配画。15 岁时他成为职业漫画家，当时是一个新兴的职业。从 15 岁入行至今，他的作品在全球数十个国家售出超过 5000 万册，其中《论语》《道德经》《逍遥游》等人们耳熟能详的经典、名著均被他绘成漫画，成为东方文化传播的一个很好的载体，他也成为亚洲最成功、最受欢迎的漫画家之一。

　　未来到底是一个什么样的世界，没有人能完全说得清。我们能知道的是：智慧、德行、素养、能力才能够成就人生，而非逼着孩子从小苦学各种各样看起来应一时之景的技能。7 岁以前孩子要学礼仪和规矩，古言"洒扫、应对、进退"，培养他有情、有义、有礼。7 到 12 岁孩子性情加固，以后踏上社会就可以强力而不反了，不管他进入哪行哪业，都能以"不器"的潜能发挥"器"的个人价值。如果父母有心，发现孩子最喜欢和擅长的才能，帮助他、鼓励他、支持他，就如蔡志忠先生说"从我的故事可以证明一件事，一个人只要找到自己最喜欢最拿手的事，把它做到极致，无论做什么，没有不成功的"。

10.7 为什么"大信不约"？

不约而为　是为大信

不管从个人层面、社会层面、国家层面，"信"都是值得推崇的个人品质和交际状态。这里为什么又说"大信不约"呢？大信，指的是不言而信，不约而为。孔子曰："天何言哉？四时行焉，百物生焉。"大自然的运行可谓大信，不与天下一物一人订立契约，但四时更迭按时进行，云行雨施，万物生长，彼此相安。《道德经》云："有德司契，无德司彻。"有德者执的是什么契约呢？便是这"大信不约"，他们依道而行，不言而喻，实无一约可执。

如何做到"大信"？于内，思想纯净，内心清净，不被是非对错影响，也不被有形无形约束，"清静为天下正"；于外，将天下之事当成本分之事，将天下之人当成自己家人，行所当行，止所当止，"以美利利天下"。阳明先生曾经写诗《滁阳别诸友》赠给众多弟子："滁之水，入江流，江潮日复来滁州。相思若潮水，来往何时休？空相思，亦何益？欲慰相思情，不如崇令德。掘地见泉水，随处无弗得；何必驱驰为？千里远相即。君不见尧羹与舜墙，又不见孔与跖对面不相识？逆旅主人多殷勤，出门转盼成路人。"时时明明德与致良知、以天地万物之心为己心的人，他们之间还需要什么约定呢？聚是一团火，散是满天星。

10.8 为什么"大时不齐"？

大时不齐　中庸志本

"大时不齐"指的是顺时而为，通晓时变的人会根据具体的情况作相应的变化。由于时空情境在错杂交织的不断变动之中，人在某一时空妙点的具体表现就应时而异。这是"大时不齐"的内涵，也是"中庸"的表达。

人必须生活在关系中，也需要学习和世界相处的智慧。所谓修身需"格物致知"，格物要在现实中格，离开现实，无物可格。一方面，人是一切社会关系的总和，人的成就也是在关系中成就，在是非中成就。另一方面，西方哲学的意义并非仅仅在于认识世界，更在于改造世界。

"察于此四者，可以有志于本矣。"此处的"本"指的就是体道用"中"，无为而为，为而无为，行而无行，不行而行。

三王之祭川也，皆先河而后海。或源也，或委也。此之谓务本。

10.9 如何理解"志本"与"务本"？

观水之德 回归自性

夏商周三代君王祭祀河川时，都是先祭河，后祭海。因为百川自河而出，向海奔流，河是起源，海是归宿。《大学》有云："物有本末，事有终始，知所先后，则近道矣。"

自古以来，圣贤皆认为水有大智慧，需要向水学习。水的品德之高，接近于道，恰似人的纯善本性。三王祭川，也是以水为师，追本溯源，通过此举来了悟真谛，回归自性。老子在《道德经》中赞扬水："上善若水。水善利万物而不争，处众人之所恶，故几于道。居善地，心善渊，与善仁，言善信，正善治，事善能，动善时。夫唯不争，故无尤。"

《荀子·宥坐》记载孔子观于东流之水。子贡问于孔子曰："君子之所以见大水必观焉者,是何?"孔子曰:"夫水大,遍与诸生而无为也,似德;其流也埤下,裾拘必循其理,似义;其洸洸乎不淈尽,似道;若有决行之,其应佚若声响,其赴百仞之谷不惧,似勇;主量必平,似法;盈不求概,似正;淖约微达,似察;以出以入,以就鲜絜,似善化;其万折也必东,似志。是故君子见大水必观焉。"

　　古圣先贤观水而体悟宇宙真理,同时也是以水为师、不断修正内心之本的过程。此处讲君子之"务本",务的就是前文提过的"孝悌与改过"和"中庸"之本,是一内一外,同时也是内外合一的。两个"本"是不二的。教育之本也蕴藏在此,即长善(孝悌、天赋)、救失(改过)。

　　凡物有本源,则滚滚不尽、昼夜无息、绵绵若存;人有本源,则根深叶茂、接天通地、绵远昌盛。三王祭川,亦是三王敬川,回归本民族的"敬天、法祖、孝亲、尊师、重道"的信仰,便是回归民族的本源。没有这个本源,民族就没有自己的根系,命运飘摇不定。就国家而言,百年大计,教育为本。建国君民,教学为先;天下之兴,其根在师。每个人都是自我教育者,所以《学记》是对教育者的教育,更是写给每个人的教育良方。

后　记

　　为什么现在的老师或父母花了很大的心思，仍然很难做好孩子的教育？在《学记》从家庭、学校、社会、民族、自然的层面对教育进行论述后，我们对这样一个关键问题就有了基本答案：孩子不是独立的存在，他是处在整个时代和社会的全方面包围之中，天、地、君、亲、师都要好，孩子才会真正好。效法天地的自然教育，学优则仕的社会教育，上慈下孝的家庭教育，尊师重道的学校教育，这些都是生命教育的内容。

　　这是一个心学时代，也是克己复礼的时代，君子文化是民族的希望。《中庸》云："天命之谓性，率性之谓道，修道之谓教。"天命是人本来就有的，叫作"性"；能够回归到这个"性"，率性便是"道"；人心向天命回归，需要"学而不厌，诲人不倦"的长期的过程，这个过程便是"教"。"教"的职责由"师"来承担，而"师"的范围并不局限于教育工作者，还包括官员、领导、父母以及各行各业能够"正己化人"的人。

　　《学记》是"仕师"可以方便使用的手记。它以"教学为先""教学相长"两篇为宗，意在说明"教"与"学"的本质定义，以及二者对生命、民族、文化甚至人类全体的重要性；然后以"教学建制""教之大伦""大学之教""教之兴废"为论，讲述施教的道理；以"长善救失"这一篇为纶，它是牵动教育的根本处；再以"尊师重道""进学之道"两篇为伦，讨论求学的礼法；最后以"志学志本"为中，总结何为"君子之本"教育之本"民族之本"，执本用中。

把传统教育模式中"教为人之道、学为学之方"的"为人之道"捡起来，对中国的现代教育至关重要。"为人之道"即是德育教育，德育教育的内容就是我们的优秀传统文化。中华优秀传统文化的源头在哪里呢？在儒、释、道等诸子百家留给我们的典籍里。南怀瑾先生曾说过："国家亡掉了不怕，还可以复国，要是国家的文化亡掉了，就永远不会翻身了。一个国家、社会的兴衰成败，重点在文化、在教育。"我们每个中华民族之子孙都应为了自己、为了后代，负起传承、弘扬中华优秀传统文化的使命与责任。

要追本溯源，找到中华优秀传统文化之"源头活水"，并使之得以恢复、传承、弘扬与发展，具体可以做如下几点：

一、开发教材。依据古圣先贤们的本源智慧，多渠道分门别类编写符合国情与现实的德育教材，深度、广度、层次、形式应根据需求而变化，让德育教育真正进家庭、进学校、进机关、进企业、进社区。

二、重视人才。加大力度尽快解决传统文化师资短缺问题，充分利用好现有的传统文化师资力量；在师范类院校开设传统文化专业；充分挖掘现有社会培训机构的力量，培养优秀的传统文化讲师；开发课程，为有志于传统文化的社会人士提供培训与就业机会。

三、场所建设。合理调配、建设教育阵地，保证有充足的德育教育场所；从家庭、学校、社会各个层面，营造立德树人的浓厚氛围；政府配套出台相关政策法规，以保证德育教育真正落地。

诚如《大学》言，"自天子以至于庶人，壹是皆以修身为本"。修身固本的方法则是"格物致知、诚意正心"。人生百年，先学做人是根本，是起始，是先导，树立"做事先做人"的理念有助于提升整个社会的幸福指数。固本工程中，不管是从国家层面，还是从学生角度，为师者都是不可或缺的重要角色。"打铁尚需自身硬"，作为教师，不仅要自身具有渊博的知识结构、过硬的教学基本功，以胜任日常之教书工作，更要具备高尚的品德、优良的作风，能做好学生的人生导航人。而为人父母者，亦应自我教育、修身固本。当我们生命状态越来越提升，心性越来越清明，就能看懂自己，也能看懂孩子，也就能平稳自如地调取"药方"（各类书籍、方法、工具）为孩子"调理"了。

中华优秀传统文化是我们的精神食粮。我们应该与圣贤为伍，以经典为伴，让优秀传统文化深深扎根中华大地，引领我们的教育，幸福我们的儿女，复兴我们的民族。学习《学记》到此并未结束，为了天下孩子包括我们自己的生命教育，我们愿与同仁们共同学习、探讨、分享，也鼓励所有关心教育的有心人一起讲解、整理、传播，期待在未来的路上再相遇、相助、相伴。让这教育本身，成为美好生活。

图书在版编目（ＣＩＰ）数据

学记·时牧解 / 慈舟大学堂编注 . ——杭州：西泠
印社出版社，2023.11
ISBN 978-7-5508-4338-7

Ⅰ. ①学… Ⅱ. ①慈… Ⅲ. ①《学记》－研究 Ⅳ.
①G40-02

中国版本图书馆CIP数据核字（2023）第209484号

学记·时牧解

慈舟大学堂　编注

责任编辑	叶康乐
责任出版	李　兵
责任校对	刘玉立
装帧设计	杭州宇声文化艺术有限公司
出版发行	西泠印社出版社

（杭州市西湖文化广场32号5楼　邮政编码　310014）

经　　销	全国新华书店
制　　版	杭州宇声文化艺术有限公司
印　　刷	杭州良诸印刷有限公司
开　　本	889mm×1194mm　1 /16
字　　数	192 千
印　　张	13.75
书　　号	ISBN 978-7-5508-4338-7
版　　次	2023年11月第1版　2023年11月第1次印刷
定　　价	59.00元

西泠印社出版社发行部联系方式：（0571）87243079